Operario/a del Ayuntamiento de Ávila

Junio, 2024

Curso

Operario/a

AYUNTAMIENTO DE ÁVILA

Accede a tu **Curso MAD360** y disfruta de los siguientes recursos:

- Técnicas de Memoria 360.
- MADTEST: Test nivel PRO.
- Temario en formato digital.
- Vídeos.
- Esquemas.
- Planificación de estudio.
- Foro entre opositores hasta la fecha del examen.*
- Recursos y novedades exclusivas.
- Consulta sobre la oposición y el proceso selectivo.
- Actualizaciones legislativas (Boletines Oficiales) hasta 60 días antes de la fecha del examen.*

Para acceder al Curso MAD360** será necesaria la compra de todos los libros para esta especialidad de la edición 2024.

Valida los códigos que encuentras en la última página de tus libros y disfruta de la experiencia MAD360.

Infórmate en: mad.es/registro-campus

NOTA IMPORTANTE:

* Examen de esta categoría profesional correspondiente a la convocatoria publicada en el BOP de Ávila n.º 112, de 7 de junio de 2024, o hasta el 30 de junio del 2025, lo que se cumpla antes.

** El acceso al CURSO MAD360 estará disponible desde julio de 2024 (algunos recursos podrían estar disponibles en fecha posterior). Tendrá una duración de 365 días, desde la validación de códigos, o hasta el 31 de diciembre del 2025, lo que se cumpla antes.

MAD se reserva el derecho a ampliar dichas fechas.

Operario/a del Ayuntamiento de Ávila

Test del Temario

Autores

TERESA MARÍA TORRES FONSECA
Licenciada en Derecho

FRANCISCO JESÚS TORRES FONSECA
Licenciado en Derecho

LIDIA MARINA PONCE MARTÍNEZ
Licenciada en Psicología

JUAN CARLOS COSTA PÉREZ
Ingeniero de Montes
Funcionario Técnico de la Administración Pública

JUAN MANUEL GIL RAMOS
Licenciado en Medicina. Master en Salud Ambiental.

HERMINIA ANDRADES ROMERO
Diplomada en Fisioterapia. Técnico Superior en Imagen para el Diagnóstico. Técnica Superior en Laboratorio de Análisis Clínico.
Prevencionista de Riesgos laborales (grado intermedio). Auxiliar de Enfermería

© 7 Editores Recursos para la Cualificación Profesional y el Empleo, S.L. (7 Editores)
© Los autores
Primera edición, junio 2024 (138 páginas)
Derechos de edición reservados a favor de 7 Editores
IMPRESO EN ESPAÑA
Diseño Portada: 7 Editores
Edita: 7 Editores
Avda. San Francisco Javier, 9 · Edificio Sevilla 2 · Planta 11 · Módulos 25-27 · 41018 Sevilla
Teléfono: 954 784 411 · WEB: www.mad.es · e-mail: administracion@7editores.com
ISBN: 978-84-142-8350-9
© "Editorial Mad" y "Eduforma" son nombres comerciales registrados de
7 Editores Recursos para la Cualificación Profesional y el Empleo, S.L.

Índice

TEST N.º 1

La Constitución Española de 1.978: Antecedentes, estructura y contenido. Derechos y deberes fundamentales de los españoles

1. ¿En qué se fundamenta la Constitución Española?

a) En un Estado social y democrático de Derecho.
b) En la indisoluble unidad de la Nación española.
c) En la independencia de los poderes del Estado.
d) En la organización territorial del Estado.

2. Según el artículo 3 de la CE, el castellano es la lengua oficial del Estado y todos los españoles:

a) Tienen el deber de usar y el derecho de conocer el castellano.
b) Tienen el derecho y el deber de conocer el castellano.
c) Tienen el deber de conocer y el derecho de usar el castellano.
d) Tienen el derecho de conocer y usar el castellano.

3. La Constitución Española reconoce y garantiza el derecho a la autonomía:

a) De las nacionalidades que la integran.
b) De las regiones que la integran.
c) De las Comunidades Autónomas que la integran.
d) De las nacionalidades y regiones que la integran.

4. El Preámbulo de la Constitución:

a) Tiene en sí carácter de norma jurídica.
b) Es una declaración de intenciones, destinada a interpretar lo que se quiere alcanzar con el contenido normativo de la Constitución.
c) Se trata de un texto sin fuerza jurídica de obligar.
d) Las respuestas b) y c) son correctas.

5. Señala la respuesta correcta, respecto de la aprobación, ratificación y publicación de la Constitución Española:

a) Aprobada por las Cortes el 31 de octubre de 1978, ratificada por el pueblo en referéndum el 6 de diciembre de 1978 y publicada el 29 de diciembre de 1978.

b) Aprobada por las Cortes el 30 de octubre de 1978, ratificada por el pueblo en referéndum el 16 de diciembre de 1978 y publicada el 27 de diciembre de 1978.

c) Aprobada por las Cortes el 31 de octubre de 1978, ratificada por el pueblo en referéndum el 16 de diciembre de 1978 y publicada el 29 de diciembre de 1978.

d) Aprobada por las Cortes el 10 de octubre de 1978, ratificada por el pueblo en referéndum el 26 de diciembre de 1978 y publicada el 30 de diciembre de 1978.

6. ¿En qué parte de la Carta Magna se establece la exposición de motivos que impulsan la norma constitucional y los objetivos que con ella se pretenden alcanzar?

a) En el Título Preliminar.
b) En el Preámbulo.
c) En el Título I.
d) En el Título II.

7. La Constitución Española fue sancionada por:

a) El Rey.
b) El Presidente del Congreso.
c) Las Cortes Generales.
d) El Presidente del Gobierno.

8. ¿Cuáles de los siguientes españoles de origen pueden ser privados de su nacionalidad?

a) Exclusivamente los miembros de grupos terroristas.
b) Los miembros de grupos terroristas y los que atenten contra el Rey u otro miembro de la Casa Real.
c) Los que atenten contra un miembro de la Familia Real o del Gobierno de la Nación.
d) Ningún español de origen podrá ser privado de su nacionalidad.

9. Según la CE son fundamentos del orden político y la paz social:

a) La dignidad de la persona, los derechos violables que les son inherentes y el respeto a la ley.
b) La dignidad de la persona, el desarrollo limitado de la personalidad y el respeto a la ley.
c) El respeto a la ley, a los reglamentos administrativos y demás disposiciones legales.
d) La dignidad de la persona, los derechos inviolables que le son inherentes, el libre desarrollo de su personalidad, el respeto a la ley y a los derechos de los demás.

10. ¿Cuál de los siguientes es considerado por la CE como uno de los valores superiores del ordenamiento jurídico?

a) La jerarquía normativa.
b) El pluralismo político.
c) La publicidad normativa.
d) La equidad.

11. La forma política del Estado español es:

a) Democracia parlamentaria.
b) Gobierno parlamentario.
c) Monarquía parlamentaria.
d) República democrática.

12. La parte de la CE que regula la estructura de los principales órganos del Estado recibe el nombre de:

a) Parte dogmática.
b) Parte orgánica.
c) Parte estatal.
d) Parte estructural.

13. Según la CE, la soberanía nacional:

a) Corresponde a las Cortes Generales, al estar compuestas por los representantes del pueblo.
b) Corresponde al Rey.
c) Reside en el pueblo español.
d) Corresponde al Gobierno de la Nación elegido directamente por el pueblo.

14. ¿En qué parte de la Carta Magna se señalan los valores superiores del ordenamiento jurídico?

a) En el Preámbulo.
b) En el Título Preliminar.
c) En el Título I.
d) Ninguna respuesta es correcta.

15. ¿Cuál de las siguientes es una de las características de nuestra Constitución de 1978?

a) Consensuada.
b) Corta.
c) Conservadora.
d) Originalidad.

16. Son el fundamento del orden político y de la paz social:

a) El libre desarrollo de la personalidad.
b) Los derechos inviolables que les son inherentes.
c) El respeto a la ley y a los derechos de los demás.
d) Todas las respuestas son correctas.

17. El principio en virtud del cual el ciudadano está amparado por una legislación no sujeta a continuos vaivenes es el de:

a) Legalidad.
b) Publicidad normativa.
c) Seguridad jurídica.
d) Jerarquía normativa.

18. El principio en virtud del cual un Reglamento no puede contradecir una ley es el de:

a) Legalidad.
b) Jerarquía normativa.
c) Las respuestas a) y b) son correctas.
d) Seguridad jurídica.

19. Según la Constitución, una norma que imponga una nueva pena más leve para un delito:

a) No se aplica retroactivamente.
b) Puede aplicarse retroactivamente.
c) Ha de ser reglamentaria.
d) Atenta contra el principio de legalidad penal si se aplica retroactivamente.

20. Todos los españoles, respecto al castellano, tienen el:

a) Derecho-deber de conocerlo.
b) Derecho de usar y deber de conocerlo.
c) Derecho-deber de usarlo.
d) Nada de lo anterior.

21. La capital del Estado en España es:

a) La propia de cada Comunidad Autónoma.
b) La villa de Madrid.
c) Aquella donde se establezca en cada momento el Gobierno de la Nación.
d) Aquella en la que resida generalmente el Rey.

22. El Título de la Constitución que trata de la reforma constitucional es el:

a) Primero.
b) Décimo.
c) Noveno.
d) Undécimo.

23. El Defensor del Pueblo se regula en el siguiente Título y Capítulo de la Constitución, respectivamente:

a) Preliminar y 1.º
b) Segundo y 4.º
c) Segundo y 3.º
d) Primero y 4.º

24. El Título de la misma que trata del Gobierno y la Administración es el:

a) Tercero.
b) Cuarto.
c) Quinto.
d) Sexto.

25. Los principios rectores de la política social y económica se regulan en el siguiente Capítulo y Título de la Constitución:

a) Segundo del Primero.
b) Tercero del Primero.
c) Tercero del Preliminar.
d) Primero del Séptimo.

26. La derogación de una norma posconstitucional que vaya en contra de la Constitución se efectúa por el/la/las:

a) Propia Constitución.
b) Tribunal Constitucional.
c) Cortes Generales.
d) Gobierno de la Nación.

27. El pluralismo político, para nuestra Constitución, es un/una:

a) Principio General del ordenamiento político.
b) Valor superior del ordenamiento jurídico.
c) Principio rector de la política social y económica.
d) Derecho fundamental.

28. La forma política del Estado español es:

a) Unitaria y regionalizada.
b) Federal.
c) La Monarquía Parlamentaria.
d) La propia de un Estado Social y Democrático.

29. La justicia, según nuestra Constitución, es un/una:

a) Principio de nuestro ordenamiento jurídico.
b) Valor superior del anterior.
c) Manifestación del Estado democrático.
d) Todo lo anterior.

30. El procedimiento excepcional de reforma está previsto en caso de intentarse esta respecto del siguiente Título de la Constitución:

a) Cualquiera.
b) Segundo.
c) Tercero.
d) Ninguno de los anteriores.

31. Constituye el fundamento del orden público y de la paz social, según la Constitución, el/la/los:

a) Derechos inviolables inherentes a la persona.
b) Estado social y democrático de Derecho.
c) Seguridad jurídica.
d) Justicia.

32. Las Comunidades Autónomas deben usar o instalar la bandera española:

a) En sus edificios.
b) En los actos oficiales.
c) Cuando lo solicite el Delegado del Gobierno de la Nación en las mismas.
d) Cuando lo estimen oportuno.

33. Dispone la Carta Magna que todos contribuirán al sostenimiento de los gastos públicos de acuerdo con su capacidad económica mediante un sistema tributario justo inspirado en los principios de:

a) Legalidad y equidad.
b) Igualdad y progresividad.
c) Publicidad y legalidad.
d) Eficacia y sostenibilidad.

34. Según la Constitución, el Estado es:

a) Apolítico.
b) Aconfesional.
c) De bienestar social.
d) Federal.

35. El derecho a la vida se consagra en el siguiente artículo de la Constitución:

a) 10.
b) 16.
c) 15.
d) 24.

36. La pena de muerte en España:

a) Ha quedado abolida.
b) Puede aplicarse en cualquier momento.
c) Solo se aplicará, en tiempo de guerra, a los militares.
d) Rige solo en el ámbito civil.

37. La inmediata puesta a disposición judicial derivada del *habeas corpus*, se produce por:

a) Detención ilegal.
b) Prisión ilegal.
c) Prisión preventiva.
d) Detención preventiva.

38. El proceso en el que se enjuicie a un presunto delincuente debe:

a) Ser sumario.
b) No dilatarse.
c) Entorpecer los instrumentos probatorios.
d) Nada de lo anterior es cierto.

39. La entrada en un domicilio en caso de flagrante delito, sin autorización de su titular:

a) Puede dar lugar a la aplicación del *habeas corpus*.
b) Requiere autorización previa de la autoridad judicial.
c) Puede efectuarse en todo momento.
d) No puede realizarse en momento alguno.

40. Cuando, al conocerse la comisión de un delito por una persona, se acude a su domicilio para detenerla:

a) Está obligada a franquear la entrada.
b) Se necesitará autorización judicial para entrar, si no da su consentimiento para ello.
c) Pese a que no dé su consentimiento, se puede entrar.
d) Nada de lo anterior es correcto.

41. La autorización previa para celebrar una manifestación pública:

a) La da el Subdelegado del Gobierno en la Provincia.
b) Es ineludible.
c) Sería inconstitucional.
d) Se da cuando no se prevean alteraciones al orden público, con peligro para personas o bienes.

42. El tipo de sufragio que consagra la Constitución es el:

a) Proporcional.
b) Universal.
c) Censitario.
d) Las respuestas a) y b) son correctas.

43. Además de la no autoinculpación, la Constitución prevé que no se está obligado a declarar sobre un hecho presuntamente delictivo en caso de:

a) Parentesco y afinidad.
b) Cláusula de conciencia.
c) Secreto profesional.
d) Las respuestas a) y b) son correctas.

44. Según la Constitución, las Entidades que forman parte de la organización territorial del Estado tienen la nota común de:

a) Autogobierno.
b) Independencia.
c) Autonomía.
d) Financiación propia.

45. La titularidad de la soberanía española radica en el/las:

a) Cortes Generales como representantes del pueblo español.
b) Rey como Jefe del Estado.
c) Pueblo mismo.
d) Nacionalidades y regiones que integran España.

Solución al test n.º 1

1. b) En la indisoluble unidad de la Nación española.

2. c) Tienen el deber de conocer y el derecho de usar el castellano.

3. d) De las nacionalidades y regiones que la integran.

4. d) Las respuestas b) y c) son correctas.

5. a) Aprobada por las Cortes el 31 de octubre de 1978, ratificada por el pueblo en referéndum el 6 de diciembre de 1978 y publicada el 29 de diciembre de 1978.

6. b) En el Preámbulo.

7. a) El Rey.

8. d) Ningún español de origen podrá ser privado de su nacionalidad.

9. d) La dignidad de la persona, los derechos inviolables que le son inherentes, el libre desarrollo de su personalidad, el respeto a la ley y a los derechos de los demás.

10. b) El pluralismo político.

11. c) Monarquía parlamentaria.

12. b) Parte orgánica.

13. c) Reside en el pueblo español.

14. b) En el Título Preliminar.

15. a) Consensuada.

16. d) Todas las respuestas son correctas.

17. c) Seguridad jurídica.

18. c) Las respuestas a) y b) son correctas.

19. b) Puede aplicarse retroactivamente.

20. b) Derecho de usar y deber de conocerlo.

21. b) La villa de Madrid.

22. b) Décimo.

23. d) Primero y 4.º.

24. b) Cuarto.

25. b) Tercero del Primero.

26. a) Propia Constitución.

27. b) Valor superior del ordenamiento jurídico.

28. c) La Monarquía Parlamentaria.

29. b) Valor superior del anterior.

30. b) Segundo.

31. a) Derechos inviolables inherentes a la persona.

32. b) En los actos oficiales.

33. b) Igualdad y progresividad.

34. b) Aconfesional.

35. c) 15.

36. a) Ha quedado abolida.

37. a) Detención ilegal.

38. b) No dilatarse.

39. c) Puede efectuarse en todo momento.

40. b) Se necesitará autorización judicial para entrar, si no da su consentimiento para ello.

41. c) Sería inconstitucional.

42. b) Universal.

43. c) Secreto profesional.

44. c) Autonomía.

45. c) Pueblo mismo.

TEST N.º 2

La Organización Territorial del Estado. El Estado de las Autonomías: su significado. El Estatuto de Autonomía de Castilla y León

1. Según la Constitución, las Entidades que forman parte de la organización territorial del Estado tienen la nota común de:

a) Autogobierno.
b) Independencia.
c) Autonomía.
d) Financiación propia.

2. La titularidad de la soberanía española radica en el/las:

a) Cortes Generales como representantes del pueblo español.
b) Rey como Jefe del Estado.
c) Pueblo mismo.
d) Nacionalidades y regiones que integran España.

3. No pueden constituirse en Comunidades Autónomas los territorios:

a) Que no estén integrados en la organización provincial.
b) Que, no siendo superiores a una Provincia, tengan entidad regional histórica.
c) Que, no siendo superiores a una Provincia, no tengan entidad regional histórica.
d) Interinsulares.

4. La vía ordinaria de acceso a la autonomía por el artículo 143 de la Constitución se sigue por los/las:

a) Provincias con entidad regional histórica.
b) Territorios que en el pasado hubieren plebiscitado afirmativamente proyecto de Estatuto de Autonomía.
c) Provincia sin entidad regional histórica directamente.
d) Supuestos especiales de Ceuta, Melilla y Gibraltar.

5. Entre las determinaciones de los Estatutos de Autonomía no es necesario incluir la:

a) Delimitación de su territorio.
b) Denominación de las instituciones autónomas propias.
c) Denominación de la Comunidad.
d) Denominación, organización y sede de sus instituciones administrativas.

6. En las Comunidades Autónomas que siguen la vía común, el Proyecto de Estatuto será elaborado por la/los:

a) Asamblea de Parlamentarios que se constituye al efecto.
b) Comisión Constitucional del Congreso de los Diputados.
c) Diputación Provincial correspondiente.
d) Miembros de la Diputación u órgano interinsular y por los Diputados y Senadores elegidos por ellas.

7. El voto de ratificación por los Plenos del Senado y del Congreso de los Diputados se dará en el/las:

a) Comunidades Autónomas que siguen la vía común.
b) Comunidades Autónomas que siguen la vía especial.
c) Acceso a la autonomía de Ceuta y Melilla.
d) Acceso a la autonomía de Gibraltar.

8. La responsabilidad política del Presidente de una Comunidad Autónoma se exige por el/la:

a) Sala de lo Penal del Tribunal Supremo.
b) Congreso de los Diputados.
c) Tribunal Superior de Justicia de la Comunidad Autónoma.
d) Asamblea Legislativa de la Comunidad Autónoma.

9. La Asamblea Legislativa de las Comunidades Autónomas se elige:

a) Con criterios de representación territorial.
b) Con criterios de representación proporcional.
c) Por sufragio individual.
d) Con criterios de representación provincial.

10. El principio de coordinación con la Hacienda estatal se consigue por:

a) El Fondo de Compensación Interterritorial.
b) Los preceptos de las sucesivas Leyes de Presupuestos Generales del Estado.
c) La creación del Consejo de Política Fiscal y Financiera de las Comunidades Autónomas.
d) Imperativo de la propia Constitución.

11. Los Estatutos de Autonomía deberán contener el/la/las:

a) Competencias que se dejan al Estado y las que asume la Comunidad.
b) Competencias que, en función de la Constitución, asume cada Comunidad Autónoma.
c) Desarrollo de la Administración Autonómica.
d) División provincial y órganos de gobierno.

12. En la reforma de los Estatutos intervienen las Cortes Generales:

a) Siempre.
b) Nunca.
c) Solo cuanto se trata de Comunidades Autónomas que accedieron por la vía común.
d) En las Comunidades Autónomas de vía especial exclusivamente.

13. Los miembros de las Diputaciones u órganos interinsulares intervienen en la elaboración de los Estatutos de Autonomía:

a) En todo caso.
b) Nunca.
c) En las Comunidades Autónomas de vía común.
d) En las Comunidades Autónomas de vía especial.

14. Los Estatutos de Autonomía en la vía común se aprueban por el:

a) Congreso de los Diputados mediante Ley Orgánica.
b) Congreso de los Diputados y Senado por Ley Orgánica.
c) Congreso de los Diputados y Senado por Ley ordinaria.
d) Parlamento Autonómico solamente.

15. La más alta representación de una Comunidad Autónoma la ostenta el:

a) Presidente del Parlamento Autonómico.
b) Presidente de la Comunidad Autónoma.
c) Rey.
d) Presidente del Gobierno de la Nación.

16. Cómo se estructura el Estatuto de Autonomía de Castilla y León:

a) En un preámbulo, un título preliminar, seis títulos, tres disposiciones adicionales, dos disposiciones transitorias, una disposición derogatoria y una disposición final.
b) En un preámbulo, un título preliminar, seis títulos, dos disposiciones adicionales, dos disposiciones transitorias, una disposición derogatoria y una disposición final.
c) En un preámbulo, un título preliminar, siete títulos, tres disposiciones adicionales, tres disposiciones transitorias, una disposición derogatoria y una disposición final.
d) En un preámbulo, un título preliminar, siete títulos, tres disposiciones adicionales, tres disposiciones transitorias, una disposición derogatoria y una disposición final.

17. A tenor del art. 2 del Estatuto de Autonomía de Castilla y León el territorio de la Comunidad comprende el de los municipios integrados en las actuales provincias de:

a) Ávila, Burgos, León, Palencia, Salamanca, Toledo, Soria, Valladolid y Zamora.
b) Ávila, Burgos, León, Palencia, Salamanca, Segovia, Cuenca, Valladolid y Zamora.
c) Ávila, Burgos, León, Palencia, Salamanca, Cuenca, Soria, Valladolid y Zamora.
d) Ávila, Burgos, León, Palencia, Salamanca, Segovia, Soria, Valladolid y Zamora.

18. Señala cuál de los siguientes no es uno de los criterios que determinan la ubicación de los organismos o servicios de la Administración de la Comunidad de Castilla y León:

a) Eficacia.
b) Coordinación de funciones.
c) Centralización.
d) Tradición histórico-cultural.

19. Según dispone el art. 5 del Estatuto de Autonomía de Castilla y León, la Junta de Castilla y León fomentará el uso correcto del castellano en los ámbitos:

a) Educativo, administrativo y cultural.
b) Social, educativo y cultural.
c) Político, cultural y social.
d) Administrativo, cultural y social.

20. Señala cuál de los siguientes es uno de los símbolos de identidad exclusiva de la Comunidad de Castilla y León:

a) El pendón.
b) El himno.
c) El blasón.
d) Todas las respuestas son correctas.

21. El art. 6 del Estatuto de Autonomía de Castilla y León fija la fiesta oficial de la Comunidad:

a) El 6 de abril.
b) El 20 de abril.
c) El 23 de abril.
d) El 24 de abril.

22. Señala la respuesta incorrecta:

a) La bandera de Castilla y León ondeará en todos los centros y actos oficiales de la Comunidad, a la izquierda de la bandera española.
b) El blasón de Castilla y León es un escudo timbrado por corona real abierta, cuartelado en cruz o contracuartelado.

c) El pendón vendrá constituido por el escudo cuartelado sobre un fondo carmesí tradicional.

d) El himno y los demás símbolos de la Comunidad de Castilla y León se regularán mediante ley específica.

23. Cómo se denomina el Alto Comisionado de las Cortes de Castilla y León, designado por éstas, que actúa con independencia para la protección y defensa de los derechos constitucionales de los ciudadanos y de los derechos y principios reconocidos en el Estatuto de Autonomía frente a la Administración de la Comunidad, la de sus entes locales y la de los diferentes organismos que de éstas dependan:

a) Defensor del Pueblo.
b) Diputado del Común.
c) Procurador del Común.
d) Procurador General.

24. Respecto a las Cortes de Castilla y León, la circunscripción electoral es la provincia, asignándose a cada una:

a) Un número mínimo de dos Procuradores y uno más por cada 25.000 habitantes o fracción superior a 12.500.

b) Un número mínimo de dos Procuradores y uno más por cada 20.000 habitantes o fracción superior a 10.500.

c) Un número mínimo de tres Procuradores y uno más por cada 45.000 habitantes o fracción superior a 22.500.

d) Un número mínimo de tres Procuradores y uno más por cada 47.000 habitantes o fracción superior a 20.500.

25. Por cuánto tiempo son elegidas las Cortes de Castilla y León:

a) Seis años.
b) Cinco años.
c) Cuatro años.
d) Tres años.

26. Durante su mandato los Procuradores no podrán ser detenidos ni retenidos por presuntos actos delictivos cometidos en el territorio de la Comunidad salvo en el caso de flagrante delito, correspondiendo decidir en todo caso sobre su inculpación, prisión, procesamiento y juicio a:

a) La Sala de lo Penal del Tribunal Supremo.
b) La Sala de lo Penal de la Audiencia Nacional.
c) El Tribunal Superior de Justicia de Castilla y León.
d) La Audiencia Provincial respectiva.

27. Fuera del territorio de la Comunidad la responsabilidad penal de los Procuradores será exigible ante:

a) La Sala de lo Penal del Tribunal Supremo.
b) La Sala de lo Penal de la Audiencia Nacional.
c) El Tribunal Superior de Justicia de Castilla y León.
d) La Audiencia Provincial respectiva.

28. Las Cortes de Castilla y León funcionarán en:

a) Pleno y en Comisiones.
b) Pleno, Secciones y Comisiones.
c) Pleno, Secciones, Comisiones y Delegaciones.
d) Pleno y en Secciones.

29. Cuál es el segundo periodo ordinario de sesiones de las Cortes de Castilla y León:

a) Septiembre y diciembre.
b) Septiembre a enero.
c) Febrero a mayo.
d) Febrero y junio.

30. En qué plazo desde su promulgación los Decretos-leyes deberán ser convalidados o derogados por las Cortes de Castilla y León después de un debate y votación de totalidad:

a) En el plazo improrrogable de treinta días.
b) En el plazo improrrogable de veinticinco días.
c) En el plazo improrrogable de veinte días.
d) En el plazo improrrogable de quince días.

31. Quién nombra al Presidente de la Junta de Castilla y León:

a) El Rey.
b) Las Cortes de Castilla y León.
c) La Mesa de las Cortes de Castilla y León.
d) El Pueblo de Castilla y León.

32. Transcurrido qué plazo a partir de la primera votación de investidura si ningún candidato hubiera obtenido la confianza de las Cortes de Castilla y León, éstas quedarán automáticamente disueltas y se procederá a la convocatoria de nuevas elecciones:

a) Dos meses.
b) Cuarenta y cinco días.

c) Un mes.

d) Veinticinco días.

33. Como representante ordinario del Estado en la Comunidad Autónoma, corresponde al Presidente de la Junta de Castilla y León:

a) Acordar la disolución de las Cortes de Castilla y León en los términos normativamente previstos.

b) Solicitar la colaboración a las autoridades del Estado que ejercen funciones públicas en Castilla y León.

c) Convocar elecciones a las Cortes de Castilla y León de acuerdo a lo establecido en la presente norma.

d) Todas las respuestas son correctas.

34. Las Cortes de Castilla y León pueden exigir la responsabilidad política de la Junta mediante aprobación por mayoría absoluta de sus miembros de la moción de censura. Ésta deberá ser propuesta, al menos, por:

a) El 25 por 100 de los Procuradores.

b) El 20 por 100 de los Procuradores.

c) El 15 por 100 de los Procuradores.

d) El 10 por 100 de los Procuradores.

35. Los firmantes de una moción de censura no podrán presentar otra mientras no transcurra:

a) Tres años desde la presentación de aquélla, dentro de la misma legislatura.

b) Dos años desde la presentación de aquélla, dentro de la misma legislatura.

c) Un año desde la presentación de aquélla, dentro de la misma legislatura.

d) Nueve meses desde la presentación de aquélla, dentro de la misma legislatura.

36. No podrá acordarse la disolución anticipada de las Cortes de Castilla y León:

a) Durante el primer período de sesiones de la legislatura.

b) Cuando se encuentre en tramitación una moción de censura.

c) Antes de que transcurra un año desde la anterior disolución de la Cámara efectuada al amparo del artículo 37 del Estatuto de Autonomía.

d) Todas las respuestas son correctas.

37. Quién nombra al Presidente del Tribunal Superior de Justicia de Castilla y León:

a) El Rey.

b) El Consejo General del Poder Judicial.

c) Las Cortes de Castilla y León.

d) El Presidente de la Junta de Castilla y León.

38. Las entidades locales de Castilla y León se regirán por los principios de:

a) Autonomía, suficiencia financiera, eficacia, competencia, coordinación, cooperación, responsabilidad, subsidiariedad y lealtad institucional.

b) Autonomía, suficiencia financiera, competencia, coordinación, cooperación, responsabilidad, subsidiariedad y lealtad institucional.

c) Autonomía, suficiencia financiera, competencia, transparencia, coordinación, cooperación, responsabilidad, subsidiariedad y lealtad institucional.

d) Autonomía, suficiencia financiera, publicidad, coordinación, cooperación, responsabilidad, subsidiariedad y lealtad institucional.

39. A tenor del art. 44 del Estatuto de Autonomía de Castilla y León, cuál es la entidad territorial básica de la Comunidad y la institución de participación más directa de los ciudadanos en los asuntos públicos:

a) El municipio.
b) La provincia.
c) La comarca.
d) Ninguna respuesta es correcta.

40. Por qué principios se rigen las Haciendas locales de Castilla y León:

a) Por los principios de suficiencia de recursos, publicidad, autonomía y responsabilidad fiscal.

b) Por los principios de suficiencia de recursos, transparencia, autonomía y responsabilidad fiscal.

c) Por los principios de suficiencia de recursos, equidad, autonomía y responsabilidad fiscal.

d) Por los principios de suficiencia de recursos, igualdad, publicidad, autonomía y responsabilidad fiscal.

Solución al test n.º 2

1. c) Autonomía.

2. c) Pueblo mismo.

3. d) Interinsulares.

4. a) Provincias con entidad regional histórica.

5. d) Denominación, organización y sede de sus instituciones administrativas.

6. d) Miembros de la Diputación u órgano interinsular y por los Diputados y Senadores elegidos por ellas.

7. b) Comunidades Autónomas que siguen la vía especial.

8. d) Asamblea Legislativa de la Comunidad Autónoma.

9. b) Con criterios de representación proporcional.

10. c) La creación del Consejo de Política Fiscal y Financiera de las Comunidades Autónomas.

11. b) Competencias que, en función de la Constitución, asume cada Comunidad Autónoma.

12. a) Siempre.

13. c) En las Comunidades Autónomas de vía común.

14. b) Congreso de los Diputados y Senado por Ley Orgánica.

15. b) Presidente de la Comunidad Autónoma.

16. c) En un preámbulo, un título preliminar, siete títulos, tres disposiciones adicionales, tres disposiciones transitorias, una disposición derogatoria y una disposición final.

17. d) Ávila, Burgos, León, Palencia, Salamanca, Segovia, Soria, Valladolid y Zamora.

18. c) Centralización.

19. a) Educativo, administrativo y cultural.

20. d) Todas las respuestas son correctas.

21. c) El 23 de abril.

22. a) La bandera de Castilla y León ondeará en todos los centros y actos oficiales de la Comunidad, a la izquierda de la bandera española.

23. c) Procurador del Común.

24. c) Un número mínimo de tres Procuradores y uno más por cada 45.000 habitantes o fracción superior a 22.500.

25. c) Cuatro años.

26. c) El Tribunal Superior de Justicia de Castilla y León.

27. a) La Sala de lo Penal del Tribunal Supremo.

28. a) Pleno y en Comisiones.

29. d) Febrero y junio.

30. a) En el plazo improrrogable de treinta días.

31. a) El Rey.

32. a) Dos meses.

33. b) Solicitar la colaboración a las autoridades del Estado que ejercen funciones públicas en Castilla y León.

34. c) El 15 por 100 de los Procuradores.

35. c) Un año desde la presentación de aquélla, dentro de la misma legislatura.

36. d) Todas las respuestas son correctas.

37. a) El Rey.

38. b) Autonomía, suficiencia financiera, competencia, coordinación, cooperación, responsabilidad, subsidiariedad y lealtad institucional.

39. a) El municipio.

40. c) Por los principios de suficiencia de recursos, equidad, autonomía y responsabilidad fiscal.

TEST N.º 3

La Administración Local. Concepto. Órganos de gobierno municipales. El Alcalde: elección y competencias. El Ayuntamiento Pleno: atribuciones. La Comisión de Gobierno: composición y competencias. Otros órganos

1. Funcionan en régimen de Concejo Abierto:

a) Los municipios de menos de 200 habitantes.
b) Los municipios de menos de 300 habitantes.
c) Los municipios de menos de 500 habitantes.
d) Los municipios que tradicional y voluntariamente cuenten con ese singular régimen de gobierno y administración.

2. La organización municipal responde a las siguientes reglas:

a) El Alcalde, los Tenientes de Alcalde y el Pleno existen en todos los Ayuntamientos.
b) El Alcalde, la Junta de Gobierno y el Pleno existen en todos los Ayuntamientos.
c) El Alcalde y el Pleno existen en todos los Ayuntamientos.
d) El Alcalde y la Junta de Gobierno existen en todos los Ayuntamientos.

3. La Comisión Especial de Cuentas:

a) Existe en todos los municipios.
b) Existe en los municipios en que así se acuerde.
c) Existe en los municipios de más de 1000 habitantes.
d) Ninguna de las respuestas es correcta.

4. De acuerdo con la Ley Orgánica de Régimen Electoral será proclamado alcalde electo:

a) El Concejal que haya obtenido la mayoría simple de los votos de los concejales.
b) El Concejal que encabece la lista que haya obtenido mayor número de votos populares.
c) El Concejal que haya obtenido la mayoría absoluta de los votos de los concejales.
d) El Concejal que haya ganado el sorteo.

5. Los alcaldes tendrán tratamiento de:

a) Ilustrísima en los municipios de Madrid y Barcelona.
b) Excelencia en los municipios que sean capitales de provincia.
c) Señoría en los municipios que no sean capitales de provincia ni las ciudades de Madrid y Barcelona.
d) Ilustrísima en todos los municipios.

6. La cuestión de confianza a la que podrá ser sometido el Alcalde se puede vincular a:

a) La aprobación o modificación de los Presupuestos anuales.
b) La aprobación o modificación del Reglamento Orgánico.
c) La aprobación o modificación de las Ordenanzas Fiscales.
d) Todas las respuestas son verdaderas.

7. No es una atribución del Alcalde:

a) Aprobar la oferta de empleo público.
b) La aprobación del reglamento orgánico y de las ordenanzas.
c) Dictar Bandos.
d) Ejercer la jefatura de la Policía Municipal.

8. Es una atribución del Pleno del Ayuntamiento:

a) La alteración de la calificación jurídica de los bienes de dominio público.
b) La aprobación inicial de las leyes.
c) Desempeñar la jefatura superior de todo el personal.
d) Ordenar la publicación, ejecución y hacer cumplir los acuerdos del Ayuntamiento.

9. La Junta de Gobierno Local se integra por el Alcalde y un número de Concejales:

a) No superior al tercio del número legal de los mismos.
b) No superior a la mitad del número legal de los mismos.
c) No superior a dos tercios del número legal de los mismos.
d) Ninguna de las respuestas es correcta.

10. El régimen peculiar para los Municipios de gran población será aplicable:

a) A los municipios que sean capitales autonómicas.
b) A los municipios cuya población supere los 50.000 habitantes.
c) A los municipios cuya población supere los 150.000 habitantes.
d) Las respuestas a) y b) son correctas.

11. En los municipios de gran población corresponde a la Junta de Gobierno:

a) La aprobación y modificación de las ordenanzas y reglamentos municipales.
b) La aprobación del proyecto de presupuesto.
c) Los acuerdos relativos a la participación en organizaciones supramunicipales.
d) Dictar bandos, decretos e instrucciones.

12. En los municipios de gran población tendrán la consideración de órganos directivos:

a) El Alcalde.
b) El titular de la asesoría jurídica.
c) Los miembros de la Junta de Gobierno Local.
d) Las respuestas a) y c) son correctas.

13. En los municipios de gran población para la defensa de los derechos de los vecinos ante la Administración municipal el Pleno creará:

a) Un órgano de gestión económico-financiera.
b) Una Comisión especial de Sugerencias y Reclamaciones.
c) Un órgano para la resolución de las reclamaciones económico-administrativas.
d) Un órgano de gestión tributaria.

14. En los municipios de gran población el dictamen sobre los proyectos de ordenanzas fiscales corresponderá a:

a) Un órgano de gestión económico-financiera.
b) Una Comisión especial de Sugerencias y Reclamaciones.
c) Un órgano para la resolución de las reclamaciones económico-administrativas.
d) Un órgano de gestión tributaria.

15. La organización municipal complementaria que establezca una Comunidad Autónoma con carácter general, respecto a los Municipios de la misma:

a) Se aplica preferentemente a la establecida con tal carácter por el Estado.
b) Se aplica preferentemente a la establecida por el Reglamento Orgánico de cada Municipio.
c) Se aplica después de la del Estado y la del Reglamento Orgánico.
d) Las respuestas a) y b) son ciertas.

16. La elección de un Alcalde, tras unas elecciones locales, se efectúa:

a) Directamente en las elecciones locales.
b) En sesión extraordinaria al efecto.

c) En la sesión constitutiva de la Corporación.
d) Por los vecinos exclusivamente.

17. La destitución del Presidente de una Corporación Local se efectúa a través de la:

a) Renuncia.
b) Cuestión de confianza.
c) Moción de censura.
d) Las respuestas b) y c) son ciertas.

18. ¿Se puede presentar más de una moción de censura contra el mismo Presidente de una Entidad Local?

a) Sí, cuando prospere una de ellas.
b) Solo en distintos períodos de sesiones.
c) Depende del Reglamento Orgánico de la Entidad.
d) Nada de lo expuesto es cierto.

19. En una moción de censura contra un Presidente de una Entidad Local, puede ser candidato:

a) Los cabezas de lista.
b) Los portavoces de los Grupos Políticos.
c) Cualquier Concejal cuya aceptación expresa conste en el escrito de proposición de la moción.
d) Ninguno de los anteriores.

20. En el caso de que la cuestión de confianza planteada por un Alcalde no obtuviera el número necesario de votos favorables para la aprobación del acuerdo:

a) Quedan cesados todos sus miembros.
b) El Alcalde cesará automáticamente, quedando en funciones hasta la toma de posesión de quien hubiere de sucederle en el cargo.
c) Se nombra como tal al primer Teniente de Alcalde.
d) Se hace una nueva sesión constitutiva, tras la celebración de elecciones.

21. El voto de calidad del Presidente de una Corporación Local:

a) Inclina la votación al sector en el que él haya votado, en caso de empate producido en la reunión de un órgano colegiado.
b) Da fe del resultado de la votación.
c) Significa que es muy importante quien emite el voto.
d) Provoca la irrecurribilidad del acuerdo adoptado.

22. La aprobación del proyecto de presupuesto en un Municipio de gran población es competencia del/de la:

a) Presidente.
b) Junta de Gobierno Local.
c) Pleno.
d) Comunidad Autónoma.

23. La delegación de competencias de un Alcalde:

a) Se efectúa por acuerdo de Pleno.
b) Se reviste formalmente en forma de Decreto de dicho Pleno.
c) Se puede dar en todo tipo de materias.
d) Nada de lo anterior es correcto.

24. Los nombramientos de funcionarios en los Ayuntamientos de Municipios de régimen común corresponden al/a la:

a) Pleno.
b) Junta de Gobierno Local.
c) Presidente.
d) Delegado de Personal.

25. La aprobación de las formas de gestión de los servicios públicos en los Ayuntamientos de Municipios de régimen común corresponde genuinamente al/a la:

a) Pleno.
b) Presidente.
c) Junta de Gobierno Local.
d) Comunidad Autónoma respectiva.

26. En un Municipio de 7.000 habitantes, ¿cuántos Concejales habrá de elegirse para su Ayuntamiento?

a) Siete.
b) Diez.
c) Trece.
d) Quince.

27. La representación del Ayuntamiento compete al/a la/a los:

a) Alcalde.
b) Pleno.
c) Junta de Gobierno Local.
d) Tenientes de Alcalde en su ámbito competencial respectivo.

28. La Relación de Puestos de un Ayuntamiento de un Municipio de gran población la aprueba el/la:

a) Junta de Personal.
b) Pleno.
c) Alcalde.
d) Junta de Gobierno Local.

29. Conceder gratificaciones al personal en Ayuntamientos de Municipios de régimen común es competencia del/de la:

a) Pleno.
b) Presidente.
c) Junta de Gobierno Local.
d) Junta de Personal.

30. El ejercicio normal de acciones judiciales compete en un Municipio de gran población al/a la/a los:

a) Presidente.
b) Pleno.
c) Junta de Gobierno Local.
d) Anteriores, en las materias de sus respectivas competencias.

31. Señala cuál de los siguientes puede ser una forma de organización desconcentrada del Municipio, para la administración de núcleos de población separados, sin personalidad jurídica:

a) Parroquia.
b) Pedanía.
c) Aldea.
d) Todos los anteriores pueden serlo.

32. La Junta de Gobierno Local de un Ayuntamiento de Municipio de régimen común tiene, además del Presidente, los siguientes miembros como máximo:

a) Diez.
b) Depende del número de habitantes.
c) Dos tercios del de la Corporación.
d) Un tercio de estos.

33. Los Concejales-Delegados se nombran por el/la:

a) Presidente.
b) Pleno.

c) Grupo Político.

d) Junta de Gobierno Local.

34. Cuando un Teniente de Alcalde sustituye al Alcalde en una sesión, en la deliberación y votación de un asunto en el que el sustituido debe abstenerse:

a) Tiene un doble voto.

b) Preside circunstancialmente la misma.

c) No puede votar.

d) No puede hacerlo.

35. El Pleno, respecto del nombramiento de los Tenientes de Alcalde:

a) Es oído previamente.

b) Toma conocimiento.

c) Lo aprueba.

d) No tiene nada que hacer.

36. El régimen retributivo de los órganos directivos municipales en un Municipio de gran población se establece por el/la:

a) Concejal-Delegado de Personal.

b) Alcalde.

c) Pleno.

d) Junta de Gobierno Local.

37. Los representantes personales en poblados y barriadas se dan solo en:

a) Los Municipios.

b) Las Provincias.

c) Las Islas menores.

d) Todas las respuestas son correctas.

38. La Comisión Especial de Cuentas es un órgano:

a) Necesario.

b) Complementario y, por lo tanto, facultativo.

c) Voluntario.

d) Decisorio.

39. Las Juntas Municipales de Distrito son creadas por el/la/los:

a) Comunidad Autónoma de que se trate.

b) Consejos Sectoriales.

c) Pleno del Ayuntamiento de que dependan.

d) Alcalde, a quien corresponde el nombramiento de sus integrantes.

40. Los grupos políticos de una Entidad Local deben estar representados forzosamente en la/los:

a) Comisión Especial de Cuentas.
b) Órganos desconcentrados.
c) Consejos Sectoriales.
d) Todas las respuestas son correctas.

41. Tiene carácter transitorio en el mandato de una Corporación Local el/la/las:

a) Comisiones Informativas Especiales.
b) Comisión Especial de Cuentas.
c) Pleno.
d) Comisiones Informativas en general.

42. El órgano complementario que se constituye con y sin miembros de la Corporación para tratar colegiadamente asuntos que afectan a materias concretas de la actividad y competencia de un Municipio se llama:

a) Comisión Informativa.
b) Consejo Sectorial.
c) Junta Municipal de Distrito.
d) Comisión Especial de Cuentas.

43. Los Consejos Sectoriales se presiden por el:

a) Presidente de la Corporación.
b) Miembro de esta que designe el Pleno.
c) Miembro de esta que designe el Presidente.
d) Elegido por y entre sus miembros.

44. Para ser representante personal del Alcalde en una barriada se requiere:

a) Elección por el Pleno.
b) Ser elegido en las elecciones locales por esa circunscripción.
c) Pertenecer al grupo de gobierno municipal.
d) Vivir en ella.

45. ¿A qué órgano del Ayuntamiento le corresponde la creación de los distritos?

a) Al Alcalde.
b) A la Junta de Gobierno Local.
c) Al Teniente de Alcalde.
d) Al Pleno de la Corporación.

46. El órgano administrativo responsable de la asistencia jurídica al Alcalde, a la Junta de Gobierno Local y a los órganos directivos, se denomina:

a) Gabinete Jurídico.
b) Asesoría Jurídica.
c) Asesoría Social.
d) Defensa Jurídica del Ayuntamiento.

47. En los Municipios en los que exista un Consejo Social de la Ciudad, este estará integrado por representantes de las organizaciones:

a) Económicas.
b) Sociales y profesionales.
c) Organizaciones de vecinos más representativas.
d) Todas las respuestas anteriores son correctas.

48. Para la consecución de una gestión integral del sistema tributario municipal, los ayuntamientos de los municipios de gran población puede crear un órgano de gestión tributaria. ¿A qué órgano compete su creación?

a) Al Alcalde.
b) A la Junta de Gobierno Local.
c) Al Pleno.
d) Al Interventor.

49. Los conflictos de atribuciones que surjan entre órganos y Entidades dependientes de una misma Corporación Local se resolverán por:

a) El Pleno o el Presidente de la Corporación, según los implicados en el conflicto.
b) Por el Pleno, en todo caso.
c) Por la Junta de Gobierno local.
d) Por la Asesoría Jurídica de la Corporación.

Solución al test n.º 3

1. d) Los municipios que tradicional y voluntariamente cuenten con ese singular régimen de gobierno y administración

2. a) El Alcalde, los Tenientes de Alcalde y el Pleno existen en todos los Ayuntamientos.

3. a) Existe en todos los municipios.

4. c) El Concejal que haya obtenido la mayoría absoluta de los votos de los concejales.

5. c) Señoría en los municipios que no sean capitales de provincia ni las ciudades de Madrid y Barcelona.

6. d) Todas las respuestas son verdaderas.

7. b) La aprobación del reglamento orgánico y de las ordenanzas.

8. a) La alteración de la calificación jurídica de los bienes de dominio público.

9. a) No superior al tercio del número legal de los mismos.

10. a) A los municipios que sean capitales autonómicas.

11. b) La aprobación del proyecto de presupuesto.

12. b) El titular de la asesoría jurídica.

13. b) Una Comisión especial de Sugerencias y Reclamaciones.

14. c) Un órgano para la resolución de las reclamaciones económico-administrativas.

15. b) Se aplica preferentemente a la establecida por el Reglamento Orgánico de cada Municipio.

16. c) En la sesión constitutiva de la Corporación.

17. d) Las respuestas b) y c) son ciertas.

18. d) Nada de lo expuesto es cierto.

19. c) Cualquier Concejal cuya aceptación expresa conste en el escrito de proposición de la moción.

20. b) El Alcalde cesará automáticamente, quedando en funciones hasta la toma de posesión de quien hubiere de sucederle en el cargo.

21. a) Inclina la votación al sector en el que él haya votado, en caso de empate producido en la reunión de un órgano colegiado.

22. b) Junta de Gobierno Local.

23. d) Nada de lo anterior es correcto.

24. c) Presidente.

25. a) Pleno.

26. c) Trece.

27. a) Alcalde.

28. d) Junta de Gobierno Local.

29. b) Presidente.

30. d) Anteriores, en las materias de sus respectivas competencias.

31. d) Todos los anteriores pueden serlo.

32. d) Un tercio de estos.

33. a) Presidente.

34. b) Preside circunstancialmente la misma.

35. b) Toma conocimiento.

36. c) Pleno.

37. a) Los Municipios.

38. a) Necesario.

39. c) Pleno del Ayuntamiento de que dependan.

40. a) Comisión Especial de Cuentas.

41. a) Comisiones Informativas Especiales.

42. b) Consejo Sectorial.

43. c) Miembro de esta que designe el Presidente.

44. d) Vivir en ella.

45. d) Al Pleno de la Corporación.

46. b) Asesoría Jurídica.

47. d) Todas las respuestas anteriores son correctas.

48. c) Al Pleno.

49. a) El Pleno o el Presidente de la Corporación, según los implicados en el conflicto.

El Procedimiento Administrativo: denominación y definición de las fases y de las formas de finalización

1. Salvo en el caso de que en la norma correspondiente se fije plazo distinto, los trámites que deban ser cumplimentados por los interesados deberán realizarse:

a) En el plazo de un mes a partir del siguiente al de la notificación del correspondiente acto.

b) En el plazo de veinte días a partir del siguiente al de la notificación del correspondiente acto.

c) En el plazo de quince días a partir del siguiente al de la notificación del correspondiente acto.

d) En el plazo de diez días a partir del siguiente al de la notificación del correspondiente acto.

2. ¿Qué recurso cabe contra el acuerdo de acumulación?

a) Ninguno.

b) Recurso de alzada.

c) Recurso de reposición.

d) Recurso extraordinario de revisión.

3. ¿En qué supuesto excepcional se podrá imponer una sanción sin que se haya tramitado el oportuno procedimiento?

a) En casos de urgencia.

b) En aquellos supuestos donde no dé lugar a dudas la imposición de la sanción.

c) Únicamente en aquellos supuestos donde una norma con rango de ley así lo determine.

d) En ningún caso.

4. ¿Cuándo podrán los administrados conocer el estado de la tramitación de los procedimientos en los que tengan la condición de interesados?

a) Solo en la fase de instrucción.

b) Únicamente en la fase de alegaciones.

c) Tan solo en la fase de prueba.

d) En cualquier momento.

5. ¿Cuándo se iniciarán de oficio los procedimientos?

a) Por denuncia.

b) Por acuerdo del órgano competente.

c) Por propia iniciativa.

d) Todas las respuestas son correctas.

6. Señala la respuesta incorrecta respecto al inicio del procedimiento por denuncia:

a) Las denuncias deberán expresar la identidad de la persona o personas que las presentan y el relato de los hechos que se ponen en conocimiento de la Administración.

b) La presentación de una denuncia confiere, por sí sola, la condición de interesado en el procedimiento.

c) Cuando la denuncia invocara un perjuicio en el patrimonio de las Administraciones Públicas la no iniciación del procedimiento deberá ser motivada y se notificará a los denunciantes la decisión de si se ha iniciado o no el procedimiento.

d) Se entiende por denuncia el acto por el que cualquier persona, en cumplimiento o no de una obligación legal, pone en conocimiento de un órgano administrativo la existencia de un determinado hecho que pudiera justificar la iniciación de oficio de un procedimiento administrativo.

7. ¿Cuál de los siguientes datos no es necesario que figure en las solicitudes de iniciación del procedimiento por parte de los interesados?

a) Número de teléfono.

b) Hechos, razones y petición en que se concrete, con toda claridad, la solicitud.

c) Órgano, centro o unidad administrativa a la que se dirige y su correspondiente código de identificación.

d) Firma del solicitante o acreditación de la autenticidad de su voluntad expresada por cualquier medio.

8. Los interesados solo podrán solicitar el inicio de un procedimiento de responsabilidad patrimonial, cuando no haya prescrito su derecho a reclamar. El derecho a reclamar prescribirá:

a) Al año de producido el hecho o el acto que motive la indemnización o se manifieste su efecto lesivo.

b) A los dos años de producido el hecho o el acto que motive la indemnización o se manifieste su efecto lesivo.

c) A los cinco años de producido el hecho o el acto que motive la indemnización o se manifieste su efecto lesivo.

d) Este derecho no prescribe.

9. ¿De acuerdo con qué principio se acordarán en un solo acto todos los trámites que, por su naturaleza, admitan un impulso simultáneo y no sea obligado su cumplimiento sucesivo?

a) Con el principio de oficialidad.
b) Con el principio de eficacia.
c) Con el principio de simplificación administrativa.
d) Con el principio de eficacia.

10. En cualquier momento del procedimiento, cuando la Administración considere que alguno de los actos de los interesados no reúne los requisitos necesarios, lo pondrá en conocimiento de su autor, concediéndole un plazo para cumplimentarlo:

a) De cinco días.
b) De siete días.
c) De diez días.
d) De veinte días.

11. Con arreglo al artículo 74 LPACAP, las cuestiones incidentales que se susciten en el procedimiento, incluso las que se refieran a la nulidad de actuaciones:

a) Suspenderán la tramitación del procedimiento.
b) No suspenderán la tramitación del procedimiento, salvo la recusación.
c) No suspenderán la tramitación del procedimiento en ningún caso.
d) Siempre que lo estime oportuno el instructor del procedimiento, y así lo motive suficientemente, suspenderá la tramitación del procedimiento.

12. Cuando la Administración no tenga por ciertos los hechos alegados por los interesados o la naturaleza del procedimiento lo exija, el instructor del mismo acordará la apertura de un período de prueba, a fin de que puedan practicarse cuantas juzgue pertinentes, por un plazo:

a) No superior a veinte días ni inferior a diez.
b) No superior a treinta días ni inferior a diez.
c) No superior a treinta días ni inferior a quince.
d) No superior a veinte días ni inferior a siete.

13. Señala la respuesta incorrecta respecto a los informes:

a) En la petición de informe se concretará el extremo o extremos acerca de los que se solicita.
b) El informe emitido fuera de plazo podrá no ser tenido en cuenta al adoptar la correspondiente resolución.
c) Salvo disposición expresa en contrario, los informes serán facultativos y vinculantes.

d) Si el informe debiera ser emitido por una Administración Pública distinta de la que tramita el procedimiento en orden a expresar el punto de vista correspondiente a sus competencias respectivas, y transcurriera el plazo legalmente previsto sin que aquel se hubiera emitido, se podrán proseguir las actuaciones.

14. En el caso de los procedimientos de responsabilidad patrimonial será preceptivo solicitar informe al servicio cuyo funcionamiento haya ocasionado la presunta lesión indemnizable, no pudiendo exceder el plazo de su emisión de:

a) Diez días.
b) Siete días.
c) Cinco días.
d) Dos días.

15. Según dispone el art. 82.2 de la LPACAP, los interesados podrán alegar y presentar los documentos y justificaciones que estimen pertinentes, en un plazo:

a) No inferior a veinte días ni superior a un mes.
b) No inferior a quince días ni superior a un mes.
c) No inferior a siete días ni superior a quince.
d) No inferior a diez días ni superior a quince.

16. El art. 83 de la LPACAP dispone respecto de la información pública que el anuncio señalará el lugar de exhibición, debiendo estar en todo caso a disposición de las personas que lo soliciten a través de medios electrónicos en la sede electrónica correspondiente, y determinará el plazo para formular alegaciones, que en ningún caso podrá ser inferior a:

a) Un mes.
b) Veinte días.
c) Quince días.
d) Diez días.

17. Conforme al art. 84 LPACAP, pondrán fin al procedimiento:

a) La resolución.
b) La declaración de caducidad.
c) El desistimiento.
d) Todas las respuestas son correctas.

18. Señala cuál de las siguientes es la forma normal de terminación del procedimiento:

a) El desistimiento.
b) La resolución.

c) El silencio administrativo.

d) La declaración de caducidad.

19. Señala cuál de las siguientes es una forma presunta de terminación del procedimiento:

a) La terminación convencional.

b) El silencio administrativo.

c) La renuncia al derecho en que se funde la solicitud.

d) La resolución.

20. Señala la respuesta incorrecta respecto al desistimiento y renuncia por los interesados:

a) Todo interesado podrá desistir de su solicitud o, cuando ello no esté prohibido por el ordenamiento jurídico, renunciar a sus derechos.

b) Si la cuestión suscitada por la incoación del procedimiento entrañase interés general o fuera conveniente sustanciarla para su definición y esclarecimiento, la Administración podrá limitar los efectos del desistimiento o la renuncia al interesado y seguirá el procedimiento.

c) Si el escrito de iniciación se hubiera formulado por dos o más interesados, el desistimiento o la renuncia afectará a todos ellos.

d) Tanto el desistimiento como la renuncia podrán hacerse por cualquier medio que permita su constancia, siempre que incorpore las firmas que correspondan de acuerdo con lo previsto en la normativa aplicable.

21. La Administración aceptará de plano el desistimiento o la renuncia, y declarará concluso el procedimiento salvo que, habiéndose personado en el mismo terceros interesados, instasen estos su continuación en el plazo de:

a) Un mes desde que fueron notificados del desistimiento o renuncia.

b) Veinte días desde que fueron notificados del desistimiento o renuncia.

c) Diez días desde que fueron notificados del desistimiento o renuncia.

d) Siete días desde que fueron notificados del desistimiento o renuncia.

22. En los procedimientos iniciados a solicitud del interesado, cuando se produzca su paralización por causa imputable al mismo, la Administración le advertirá que se producirá la caducidad del procedimiento transcurridos:

a) Tres meses.

b) Un mes.

c) Veinte días.

d) Quince días.

23. Salvo que reste menos para su tramitación ordinaria, los procedimientos administrativos tramitados de manera simplificada deberán ser resueltos en:

a) Treinta días, a contar desde el siguiente al que se notifique al interesado el acuerdo de tramitación simplificada del procedimiento.

b) Veinte días, a contar desde el siguiente al que se notifique al interesado el acuerdo de tramitación simplificada del procedimiento.

c) Quince días, a contar desde el siguiente al que se notifique al interesado el acuerdo de tramitación simplificada del procedimiento.

d) Diez días, a contar desde el siguiente al que se notifique al interesado el acuerdo de tramitación simplificada del procedimiento.

24. Cuál es el medio utilizado por la Administración para el cobro de las cantidades líquidas adeudadas a la misma que voluntariamente no han sido abonadas por los obligados a ello:

a) El apremio sobre el patrimonio.

b) La ejecución subsidiaria.

c) La multa coercitiva.

d) La compulsión sobre las personas.

25. Respecto a los medios de ejecución forzosa, si fuese necesario entrar en el domicilio del afectado o en los restantes lugares que requieran la autorización de su titular, las Administraciones Públicas deberán obtener el consentimiento del mismo o, en su defecto:

a) La oportuna autorización judicial.

b) La oportuna autorización policial.

c) La oportuna autorización del Ministerio Fiscal.

d) Ninguna respuesta es correcta.

26. Cuál es el medio de ejecución forzosa que suele utilizarse cuando la Administración conmina a un administrado a realizar una conducta, que puede hacerse por cualquier otro y no necesaria ni personalmente por el interesado y el obligado a ello no lo hace, en cuyo caso la Administración, bien a través de sus propios obreros, bien contratando esta obra con un tercero, la realiza, girándole, acto seguido (salvo que lo haya hecho cautelarmente), la liquidación del importe de la misma al obligado, y, si no lo abona, ejerciendo la vía de apremio para percibirlo:

a) La ejecución subsidiaria.

b) La compulsión sobre las personas.

c) El apremio sobre el patrimonio.

d) La multa coercitiva.

27. Los interesados podrán solicitar la tramitación simplificada del procedimiento. Si el órgano competente para la tramitación aprecia que no concurre alguna de las razones previstas legalmente, podrá desestimar dicha solicitud, en el plazo de:

a) Quince días desde su presentación.
b) Diez días desde su presentación.
c) Siete días desde su presentación.
d) Cinco días desde su presentación.

28. El art. 87 LPACAP señala que, antes de dictar resolución, el órgano competente para resolver podrá decidir, mediante acuerdo motivado, la realización de las actuaciones complementarias indispensables para resolver el procedimiento. El acuerdo de realización de actuaciones complementarias se notificará a los interesados, concediéndoseles un plazo, para formular las alegaciones que tengan por pertinentes tras la finalización de las mismas, de:

a) Quince días.
b) Diez días.
c) Siete días.
d) Cinco días.

29. A tenor de la LPACAP, las actuaciones complementarias deberán practicarse en un plazo no superior a:

a) Quince días.
b) Diez días.
c) Siete días.
d) Cinco días.

30. Señala el art. 71 LPACAP que el procedimiento, sometido al principio de celeridad, se impulsará de oficio en todos sus trámites y a través de medios electrónicos, respetando los principios de:

a) Publicidad e igualdad.
b) Eficacia y oportunidad.
c) Transparencia y publicidad.
d) Igualdad y legalidad.

Solución al test n.º 4

1. d) En el plazo de diez días a partir del siguiente al de la notificación del correspondiente acto.

2. a) Ninguno.

3. d) En ningún caso.

4. d) En cualquier momento.

5. d) Todas las respuestas son correctas.

6. b) La presentación de una denuncia confiere, por sí sola, la condición de interesado en el procedimiento.

7. a) Número de teléfono.

8. a) Al año de producido el hecho o el acto que motive la indemnización o se manifieste su efecto lesivo.

9. c) Con el principio de simplificación administrativa.

10. c) De diez días.

11. b) No suspenderán la tramitación del procedimiento, salvo la recusación.

12. b) No superior a treinta días ni inferior a diez.

13. c) Salvo disposición expresa en contrario, los informes serán facultativos y vinculantes.

14. a) Diez días.

15. d) No inferior a diez días ni superior a quince.

16. b) Veinte días.

17. d) Todas las respuestas son correctas.

18. b) La resolución.

19. b) El silencio administrativo.

20. c) Si el escrito de iniciación se hubiera formulado por dos o más interesados, el desistimiento o la renuncia afectará a todos ellos.

21. c) Diez días desde que fueron notificados del desistimiento o renuncia.

22. a) Tres meses.

23. a) Treinta días, a contar desde el siguiente al que se notifique al interesado el acuerdo de tramitación simplificada del procedimiento.

24. a) El apremio sobre el patrimonio.

25. a) La oportuna autorización judicial.

26. a) La ejecución subsidiaria.

27. d) Cinco días desde su presentación.

28. c) Siete días.

29. a) Quince días.

30. c) Transparencia y publicidad.

TEST N.º 5

Conocimientos básicos sobre conservación y mantenimiento de edificios y sus instalaciones

1. Según Ley 38/1999, de 5 de noviembre, en su artículo 3, uno de los requisitos básicos relativos a la funcionalidad de un edificio es:

a) El ahorro de energía y aislamiento térmico.
b) La protección contra el ruido.
c) La accesibilidad.
d) La seguridad en caso de incendio.

2. La Ley 38/1999, de 5 de noviembre, en su artículo 3 expone los requisitos relativos a la habitabilidad de los edificios. Indica el que no corresponda:

a) Acceso a los servicios de telecomunicación, audiovisuales y de información.
b) Higiene, salud y protección del medio ambiente.
c) Protección contra el ruido.
d) Ahorro de energía y aislamiento térmico.

3. La norma que aprueba el Código Técnico de la Edificación en España es:

a) La Ley 7/2002, de 17 de diciembre.
b) El Real Decreto 314/2006, de 17 de marzo.
c) La Ley 38/1999, de 5 de noviembre.
d) El Real Decreto 8/2005, de 14 de diciembre.

4. Señala la respuesta incorrecta. Una edificación que cumple los requisitos básicos de seguridad, satisfará:

a) La seguridad estructural.
b) La seguridad en caso de incendio.
c) La seguridad de utilización.
d) La seguridad de accesibilidad.

5. Señala la respuesta incorrecta. Según el Real Decreto 314/2006 que aprueba el Código Técnico de la Edificación en España, en el artículo 8 indica expresamente las acciones que se deben realizar para conservar en buen estado un edificio. Son las siguientes excepto una. Indica cuál:

a) Asegurar una adecuada utilización, de tal forma que se realicen las funciones previstas para el edificio.

b) Documentar a lo largo de la vida útil del edificio todas las intervenciones, ya sean de reparación, reforma o rehabilitación, realizadas sobre el mismo.

c) Llevar a cabo el plan de mantenimiento del edificio, encargando a técnico competente las operaciones programadas para el mantenimiento del mismo y de sus instalaciones.

d) Realizar las inspecciones reglamentariamente establecidas y conservar su correspondiente documentación.

6. En el caso de edificaciones, ¿quiénes son los sujetos obligados al deber de conservación?:

a) Los municipios.

b) Los constructores.

c) Los promotores.

d) Los propietarios.

7. Según el artículo 15 del Texto refundido de la Ley de Suelo y Rehabilitación Urbana, en el que se dispone que el deber de conservación que constituirá el límite de las obras que deban ejecutarse a costa de los propietarios cuando la Administración las ordene por motivos turísticos o culturales, o para la mejora de la calidad o sostenibilidad del medio urbano, se establece en:

a) El doble del original en relación con las características constructivas y la superficie útil.

b) La mitad del valor actual de construcción de un inmueble de nueva planta.

c) El valor total del inmueble, que será a costa de la Administración, íntegramente.

d) El valor total del inmueble más un interés extra.

8. La Administración competente no concederá la orden de demolición de un inmueble afectado por expediente de declaración de Bien de Interés Cultural, sin previa firmeza de la declaración de ruina y autorización, y sin informe favorable de al menos dos de las instituciones consultivas siguientes:

a) El Ayuntamiento y la Administración Autonómica donde se encuentre el inmueble.

b) La Junta Central del Tesoro Artístico y el Centro de Investigaciones Sociológicas.

c) La Junta de Calificación, Valoración y Exportación de Bienes del Patrimonio Histórico Español y las Universidades españolas.

d) El Consejo Superior de Investigaciones Científicas y Centro para la Investigación y el Desarrollo.

9. El objetivo principal del mantenimiento de un edificio es:

a) Contrarrestar los desperfectos asociados al paso del tiempo para aumentar su vida útil y mantener su valor.
b) Incrementar su valor original.
c) Cumplir con la normativa vigente.
d) Restaurar las incidencias propias de la edificación.

10. El mantenimiento realizado antes de que sean necesarias las reparaciones, que está relacionado con el desarrollo de actividades que ayuden a preservar la funcionalidad del edificio, se denomina:

a) Protector.
b) Correctivo.
c) Preventivo.
d) Predictivo.

11. Se consideran varios modelos de mantenimiento preventivo. Indica el que no corresponda:

a) De ronda.
b) Sistemático.
c) Conductivo.
d) Paliativo.

12. El aumento de la vida útil de los equipos e instalaciones, la reducción de tiempos muertos y actividades correctivas, la reducción de riesgos y accidentes, además de menores costes, son ventajas propias del mantenimiento:

a) Reactivo.
b) Correctivo.
c) Preventivo.
d) Predictivo.

13. Es un tipo de mantenimiento legal preventivo al que deben someterse periódicamente los edificios en el que se revisan los aspectos clave que afectan a la seguridad del edificio y sus ocupantes. Nos referimos a:

a) El mantenimiento de ronda.
b) La Inspección Técnica de Edificios.
c) La rehabilitación y regeneración de Edificios.
d) El mantenimiento sistemático.

14. El informe de evaluación del edificio resultante de la ITE debe incluir al menos:

a) La certificación de la eficiencia energética del edificio.
b) El certificado de habitabilidad.

c) El desglose de materiales empleados en la construcción.

d) Las fases de mantenimiento realizados anteriores a la fecha de la ITE.

15. El mantenimiento ...., consiste en corregir errores y reparación una vez se ha producido el fallo. Es el mantenimiento el que reacciona ante una situación problemática, por lo que tiene un coste mayor:

a) Sistemático

b) Correctivo o reactivo.

c) Preventivo.

d) Predictivo.

16. El mantenimiento paliativo se encarga de:

a) La reparación, eliminando las causas que han producido el fallo.

b) La corrección y evaluación de las instalaciones.

c) La reparación, aunque no quede eliminada la fuente que provoca el fallo.

d) Investigar las causas de las averías y busca remedios para evitar que se repitan.

17. Con ellas se trata de conseguir un equilibrio entre intervenciones de mantenimiento reactivas, preventivas y predictivas, siendo el jefe de mantenimiento el responsable de conseguir ese punto de equilibrio. Nos referimos a:

a) Las políticas de mantenimiento.

b) Las herramientas de inspección.

c) Las aplicaciones sistemáticas de métodos y procedimientos.

d) Las informaciones técnicas.

18. Para localizar e identificar los elementos que componen cada sistema y conocer las condiciones de funcionamiento para las que han sido diseñados y seleccionados, se recurre a la siguiente documentación:

a) Inventario.

b) Información técnica.

c) Fichas técnicas.

d) Selección de gamas.

19. La agrupación de las tareas en un documento que recoge un conjunto de ellas que cumplen una serie de características comunes es lo que se denomina:

a) Inspección técnica.

b) Ficha técnica.

c) Gama de mantenimiento.

d) Protocolo de intervención y frecuencia.

20. Indica la respuesta incorrecta. El tiempo destinado a la puesta en práctica de cada tarea en las intervenciones de mantenimiento debe establecerse, en cada caso, para cada elemento concreto, en función de:

a) La experiencia y capacitación del personal al que inicialmente se asigne el servicio.

b) Un criterio matemático y preconcebido que unifique tiempos e instalaciones diferentes.

c) La experiencia adquirida en instalaciones similares.

d) El conocimiento del elemento a mantener y de las dificultades o facilidades particulares que implique el acceso al elemento en cuestión.

21. La instalación que proporciona suministro de energía o electricidad a los distintos lugares del edificio empieza con:

a) La conexión a una línea exterior de baja tensión.

b) La línea en el cuarto de contadores.

c) Una montante vertical hacia cada inmueble.

d) Una caja de protección con un diferencial.

22. La instalación de fontanería tiene como elementos de seguridad:

a) Diferenciales.

b) Llaves de paso.

c) Llaves de corte.

d) Clavijas.

23. Indica cuál de las siguientes instalaciones en un edificio es de carácter voluntario:

a) Eléctrica.

b) Gas.

c) Saneamiento.

d) Domótica.

24. El conjunto de documentos gráficos y escritos que constituyen el archivo y registro del historial e incidencias técnicas, jurídicas y administrativas de un edificio y permite así poner a disposición del propietario del mismo o de la comunidad de propietarios, toda la información, datos relevantes e instrucciones necesarias, se llama:

a) ITE.

b) Libro del Edificio.

c) El plan de mantenimiento.

d) El archivo del Edificio.

25. A partir de los propios criterios de diseño y utilización, que se deberán definir en los correspondientes proyectos de ejecución de las instalaciones sujetas a mantenimiento, incorporando además las recomendaciones de los fabricantes de los elementos a mantener, las instrucciones de uso y maniobra las deben redactar:

a) Los proyectistas o las empresas instaladoras.
b) Los propietarios.
c) Los municipios.
d) Los constructores.

26. El documento que define la aplicación sistemática de métodos y procedimientos que aseguran la correcta gestión de un edificio, bajo la premisa de eficiencia, se llama:

a) ITE.
b) Libro del Edificio.
c) El plan de mantenimiento.
d) El archivo del Edificio.

27. Señala la respuesta incorrecta. El Programa de Gestión Energética debe incluir:

a) El plan de mantenimiento.
b) La evaluación de rendimientos de los generadores de calor y de frío.
c) Un plan de actuacions que ayude a mejorar la eficiencia energética del edificio.
d) Un análisis del impacto ambiental que comporta las operaciones de mantenimiento del edificio.

28. De acuerdo al Real Decreto 238/2013, de 5 de abril, es obligatorio disponer de:

a) Un Plan de Control de Calidad.
b) Un Plan de Seguridad y Salud.
c) Un Programa de Gestión Energética.
d) Un Certificado de Mantenimiento.

29. ¿Cuál competencia primordial debe incluirse en el perfil del personal encargado del mantenimiento y conservación de edificios?:

a) Obediente.
b) Dominio de herramientas.
c) Colaborador.
d) Flexible.

30. Una de las funciones a realizar por el personal de mantenimiento de edificios públicos será:

a) Cumplimentación del Libro del Edificio.

b) Realización del plan de mantenimiento.

c) Corrección del programa de gestión energética.

d) Control y seguimiento de la ejecución de nuevas instalaciones y montajes para comprobar la correcta utilización de los equipos y medios disponibles en el edificio.

Solución al test n.º 5

1. c) La accesibilidad.

2. a) Acceso a los servicios de telecomunicación, audiovisuales y de información.

3. b) El Real Decreto 314/2006, de 17 de marzo.

4. d) La seguridad de accesibilidad.

5. a) Asegurar una adecuada utilización, de tal forma que se realicen las funciones previstas para el edificio.

6. d) Los propietarios.

7. b) La mitad del valor actual de construcción de un inmueble de nueva planta.

8. c) La Junta de Calificación, Valoración y Exportación de Bienes del Patrimonio Histórico Español y las Universidades españolas.

9. a) Contrarrestar los desperfectos asociados al paso del tiempo para aumentar su vida útil y mantener su valor.

10. c) Preventivo.

11. d) Paliativo.

12. c) Preventivo.

13. b) La Inspección Técnica de Edificios.

14. a) La certificación de la eficiencia energética del edificio.

15. b) Correctivo o reactivo.

16. c) La reparación, aunque no quede eliminada la fuente que provoca el fallo.

17. a) Las políticas de mantenimiento.

18. b) Información técnica.

19. c) Gama de mantenimiento.

20. b) Un criterio matemático y preconcebido que unifique tiempos e instalaciones diferentes.

21. a) La conexión a una línea exterior de baja Tensión.

22. c) Llaves de corte.

23. d) Domótica.

24. b) Libro del Edificio.

25. a) Los proyectistas o las empresas instaladoras.

26. c) El plan de mantenimiento.

27. a) El plan de mantenimiento.

28. d) Un Certificado de Mantenimiento.

29. b) Dominio de herramientas.

30. d) Control y seguimiento de la ejecución de nuevas instalaciones y montajes para comprobar la correcta utilización de los equipos y medios disponibles en el edificio.

TEST N.º 6

Trabajos de albañilería. Conocimientos generales. Operaciones de mantenimiento. Maquinaria, herramientas y materiales

1. En una obra de construcción, ¿quién es el encargado de hacer la mezcla?

a) El ayudante de albañil.
b) El oficial.
c) El auxiliar de mantenimiento.
d) El operario/a de albañilería.

2. ¿Cómo se llama la operación que consiste en forrar muros y tabiques tanto en paramentos exteriores como en interiores?

a) Aplacado.
b) Encofrado.
c) Revestimiento.
d) Alicatado.

3. ¿Cómo se llama al compuesto de conglomerantes inorgánicos, agregados finos y agua, y posibles aditivos que sirven para pegar elementos de construcción tales como ladrillos, piedras, bloques de hormigón, etc.?

a) Mezcla.
b) Mortero.
c) Encofrante.
d) Lechada.

4. En relación con el encofrado, debemos evitar (señala la respuesta incorrecta):

a) Repartir el hormigón para evitar hendiduras por donde se escape el material y la segregación del agua.
b) Usar gasóleo o grasa.

c) Arrojar el hormigón a gran distancia.
d) Introducir los clavos en su totalidad en la madera.

5. Un guarnecido completo consta de tres fases. Señala la que no corresponda:

a) Enfoscado.
b) Fraguado.
c) Enlucido.
d) Revoque.

6. ¿Qué tipo de material se debe pasar al terminar el enfoscado para conseguir un acabado rugoso?

a) Fratás.
b) Llana.
c) Talocha.
d) Regla.

7. ¿Qué tipo de acabado se dará a un enfoscado que va a soportar un tipo de pintura rugosa?

a) Bruñido.
b) Rugoso.
c) Fratasado.
d) Fraguado.

8. ¿En qué consiste el revoque?

a) En extender una segunda capa de mortero de cemento, cal o de resinas sintéticas, de 0,5 a 1 cm de espesor, sobre el enfoscado.
b) En nivelar las irregularidades que presenta la superficie del paramento.
c) En dar una capa de mortero, elaborado con árido mucho más fino, y perfectamente alisado con la llana.
d) En revestir un paramento con una pasta compuesta por escayola o yeso blanco muy fino y polvo de mármol, amasados con agua en la que previamente se habrá disuelto una cierta cantidad de cola.

9. Señala cuál de los siguientes pavimentos continuos no está indicado para su aplicación en suelos que han de soportar cargas ligeras:

a) Con hormigón tratado superficialmente.
b) Con lechada bituminosa.
c) Con mortero sintético elástico.
d) Con engravillado.

10. ¿Cómo se llaman las juntas horizontales resultantes de la superposición que se realiza de ladrillos para la construcción de una pared?

a) Hiladas.
b) Tendeles.
c) Llagas.
d) Huellas.

11. ¿Qué es la "adaraja o enjarje"?

a) La disposición sobre cómo se colocan los ladrillos.
b) Los surcos que se realizan en las paredes, techos, etc.
c) Unos entrantes y salientes de una pared para asegurar la unión con otra, cuando se prosiga con la obra.
d) El proceso de revestimiento y protección de una pared.

12. Tienen función evitar la filtración de agua por el suelo, e impedir que la humedad salga por los muros debido a las fuerzas capilares. Nos referimos a:

a) Las barreras capilares.
b) Las juntas impermeables.
c) Las juntas de dilatación.
d) Las cámaras de aire.

13. Si tenemos que eliminar el enyesado o revoque de una pared para sanearla, en caso que hayamos detectado humedad, lo primero que habrá que saber es:

a) Cómo ajustar tanto la fuerza como los materiales que se han de emplear para evitar deteriorar la pared oculta por la capa de yeso.
b) Cómo quitar las placas de revoque duro que se hayan quedado en la pared a medida que se desprendía la mayoría del mismo.
c) Cómo utilizar una rasqueta o un cepillo de cerdas metálicas para hacer desaparecer todas las irregularidades, así como las juntas y llagas de los ladrillos y los rastros de material, que pueden ser perjudiciales para posteriores trabajos.
d) El material del que se conforma el muro sobre el que va el revoque.

14. De los siguientes revestimientos, indica cuál de ellos no lleva un acabado de pintura:

a) Enlucido.
b) Chapado.
c) Enfoscado.
d) Guarnecido.

15. Indica qué tipo de producto usaría para la limpieza de un pavimento de mármol:

a) Lejía.
b) Detergente con bioalcohol.
c) Amoniaco.
d) Agua con cera.

16. Útil generalmente de madera con dos lados bordeados sujetados de forma horizontal; esta superficie tiene un mango para sujetar con la mano. Con este útil podemos transportar morteros y demás masas y se llama:

a) Artesa.
b) Esparavel.
c) Llana.
d) Bujarda.

17. Los recipientes que se utilizan para realizar pequeñas masas, bien sea de hormigón, cemento, yeso, etc., se llaman:

a) Carrillos.
b) Cestillas.
c) Artesas.
d) Divisas.

18. Una buena defensa contra los golpes son las cantoneras, también conocidas como esquineras, que pueden ir, entre otros:

a) Bajo el nivel.
b) Bajo el revoco.
c) Bajo la esquina.
d) Sobre el revoco.

19. En las reparaciones de albañilería, la herramienta que seleccionaremos para trabajos de acabado será:

a) Cortafrío.
b) Puntero.
c) Maceta.
d) Cincel.

20. La antigua forma de tratamiento superficial de todos los materiales pétreos para revestimientos de exteriores y otros trabajos artesanales y uno de los efectuados manualmente más utilizados se llama:

a) Albardado.
b) Estucado.

c) Abujardado.
d) Embastado.

21. Como característica de una buena paleta podríamos hacer alusión a la:

a) Largura del mango.
b) Anchura de la hoja.
c) Forma de la punta de la hoja.
d) Rigidez de la hoja.

22. ¿Cómo se denomina el revestimiento o segunda mano de revoque que se da a los muros realizados con material para que presenten una superficie unida y tersa?

a) Enlucido.
b) Enfoscado.
c) Enyesado.
d) Alicatado.

23. La mezcla natural de grava, gravilla y arena se llama:

a) Mortero.
b) Zumaya.
c) Aglomerante.
d) Zahorra.

24. ¿Qué tipo de ladrillos tienen agujeros que los atraviesan de lado a lado y que cumplen la función del hundido de los ladrillos estándar?

a) Hueco.
b) Macizo.
c) Cara vista.
d) Perforado.

25. ¿Qué material obtendremos si mezclamos cemento, agua, arena y grava?

a) Cemento Portland.
b) Hormigón.
c) Mortero.
d) Aglomerante.

26. El hormigón, según su composición, puede clasificarse en diversos tipos. De los siguientes, indica cuál:

a) Ciclópeo.
b) Armado.

c) En masa.
d) Pretensado.

27. ¿Cuál es el material inerte que no participa en el fraguado y endurecimiento del hormigón, pero sin embargo desempeña un papel muy importante, ya que le dan compacidad, estabilidad ante la retracción y economía?

a) Grava.
b) Arena.
c) Árido.
d) Cemento.

28. ¿Qué tipo de cemento se utiliza en obras marítimas?

a) Puzolánicos.
b) Aluminosos.
c) Portland.
d) Siderúrgicos

29. Material que, además de fraguar y endurecer en el aire, lo hace debajo del agua. Se obtiene de la calcinación de rocas calizas a elevada temperatura:

a) Cal dolomítica.
b) Cal viva.
c) Cal grasa.
d) Cal hidráulica.

30. ¿Qué tipo de humedades son las que aparecen en las zonas bajas de los muros que absorben el agua del terreno a través de la cimentación, pueden ser permanentes, cuando el nivel freático del terreno está muy alto, o temporales, cuando están relacionadas con las condiciones meteorológicas?

a) Humedad de filtración.
b) Humedad de remonte capilar.
c) Humedad de condensación.
d) Humedad meteórica.

Solución al test n.º 6

1. d) El operario/a de albañilería.

2. c) Revestimiento.

3. b) Mortero.

4. d) Introducir los clavos en su totalidad en la madera.

5. b) Fraguado.

6. d) Regla.

7. c) Fratasado.

8. a) En extender una segunda capa de mortero de cemento, cal o de resinas sintéticas, de 0,5 a 1 cm de espesor, sobre el enfoscado.

9. c) Con mortero sintético elástico.

10. b) Tendeles.

11. c) Unos entrantes y salientes de una pared para asegurar la unión con otra, cuando se prosiga con la obra.

12. b) Las juntas impermeables.

13. d) El material del que se conforma el muro sobre el que va el revoque.

14. b) Chapado.

15. d) Agua con cera.

16. b) Esparavel.

17. c) Artesas.

18. b) Bajo el revoco.

19. d) Cincel.

20. c) Abujardado.

21. d) Rigidez de la hoja.

22. a) Enlucido.

23. d) Zahorra.

24. d) Perforado.

25. b) Hormigón.

26. a) Ciclópeo.

27. c) Árido.

28. a) Puzolánicos.

29. d) Cal hidráulica.

30. b) Humedad de remonte capilar.

TEST N.º 7

Trabajos de carpintería, cristalería y persianas. Conocimientos generales. Operaciones de mantenimiento. Maquinaria, herramientas y materiales

1. El mantenimiento de los muebles de madera obedece principalmente a tres aspectos: conservación de la madera, restauración de su acabado y reparación de las roturas. ¿Cuál de estas prácticas es propia de la conservación de la madera?

a) Limpieza de la zona afectada: con un formón o una lija, o bien un cepillo, se descama la madera hasta eliminar toda la superficie carcomida.

b) Solo en las superficies barnizadas es posible desarrollar un mantenimiento a base de cuidar el acabado con tratamientos de nuevos barnices y ceras.

c) Es necesario revisar periódicamente los muebles y rociar sobre estos productos antiparásitos.

d) Es preciso desmontar la pieza suelta y volver a encolar con cola blanca para madera.

2. Las cerraduras son elementos de seguridad que bloquean el paso de ventanas y puertas. ¿Cuál de estos modelos de cerradura son las que se introducen en el canto de la puerta mediante una caja lograda con escoplo?

a) Cerraduras de embutir.

b) Cerraduras superpuestas.

c) Cerradura de tambor.

d) Ninguna de las anteriores es correcta.

3. En algunas ocasiones, las puertas se descuelgan o rozan con el suelo o el marco de la puerta, ¿cuál de estas respuestas indica la solución a los rozamientos de las puertas?

a) Para su arreglo se utiliza una masilla para PVC.

b) Pueden fijarse con listones de madera o masilla (marcos de madera) o con tiras de goma elástica (marcos de aluminio).

c) Se pueden introducir arandelas gruesas entre las bisagras para elevar 1 o 2 milímetros su altura.

d) Puede ser reparada con relativa facilidad siempre y cuando se trate de piezas engarzadas.

4. ¿Cuál de las siguientes afirmaciones es correcta en lo relativo al barnizado?

a) La fuerza y la velocidad pueden, generalmente, graduarse en todos los modelos.

b) Entre mano y mano de cualquier barniz, meteremos la brocha en agua, al no secarse el barniz las cerdas no se pegan.

c) El efecto de la veladura coloreada, a la vez que asoma la beta de la madera, se logra añadiendo el color en el diluyente y no directamente sobre el barniz.

d) Las respuestas b) y c) son correctas.

5. Señala cuál de las siguientes opciones constituye el primer paso en el proceso para arreglar la cinta de una persiana:

a) Volver a atornillar el cajón superior y colocar el resorte inferior empotrado a la pared.

b) Desatornillar el resorte inferior que enrolla la cinta.

c) Desatornillar el cajón superior de la ventana eliminando el resto de cinta rota.

d) Fijar la nueva cinta al tambor de la persiana.

6. Dentro del canteado de tableros, hay dos técnicas interesantes, según sea el canto que usemos. Señala una, de esas dos técnicas, que aparece entre las opciones:

a) Melamínico.

b) Algodón.

c) Rechapado.

d) Encolado.

7. ¿En cuál de estos aglomerados la madera es vulnerable a los cambios atmosféricos, sobre todo, a los debidos a la humedad?

a) Aglomerado de contrachapado.

b) Aglomerado de chapado.

c) Las respuestas a) y b) son correctas.

d) Ninguna de las anteriores es correcta.

8. Señala a qué clase de contrachapado corresponde la siguiente definición: "está indicado para usos industriales en los que la resistencia y durabilidad son las características primordiales. Las caras suelen ser de peor calidad":

a) Contrachapado náutico.

b) Contrachapado estructural.

c) Contrachapado exterior.

d) Contrachapado interior.

9. La madera puede clasificarse de diversas formas, entre ellas, la madera puede clasificarse dependiendo de si son duras o blandas. Señala cuál de las opciones es un ejemplo de madera blanda:

a) Cerezo.

b) Tilo.

c) Roble.

d) Ciprés.

10. Señala qué tipo de árbol se corresponde con la siguiente definición: "madera amarillenta con veteados oscuros. Su estructura es dura y compacta, y se pule muy bien. Se usa para objetos de lujo":

a) Olivo.

b) Abedul.

c) Eucalipto.

d) Pinsapo.

11. El hierro fue el primer material usado, de forma general, para complementar las construcciones de madera; ¿qué nombre reciben estos elementos metálicos incorporados?

a) Herramientas.

b) Herrajes.

c) Armas.

d) Útiles.

12. Los clavos son unas piezas metálicas, largas, delgadas y afiladas. Las puntas, por su parte, son clavos pequeños usados para trabajos finos y se distinguen según la forma de su cabeza. Siendo así, ¿cuál de las siguientes definiciones se corresponde con la punta de cabeza perdida?

a) Es un clavo de fuste delgado, se utiliza en las juntas a tope y a inglete. La cabeza se oculta en la superficie.

b) Sirven para sujetar vidrios, chapas de madera, etc.

c) Tienen un fuste de sección ovalada, lo que reduce el riesgo de rayar la madera. La cabeza se puede ocultar en la madera.

d) Se usa para sujetar alambradas o telas metálicas.

13. Las bisagras son los herrajes que utilizan los bastidores que tienen movimiento de rotación. De entre los más usados, cuál se corresponde con la siguiente definición: "son parecidos a las bisagras y con idéntica finalidad; también de ellos hay una gran variedad":

a) Bisagras.

b) Goznes.

c) Pernios.

d) Pivotes.

14. Las cerraduras son los herrajes más empleados para la función de cierre. Su órgano principal es el pestillo, que, como movimiento de deslizamiento rectilíneo, se introduce en una armella que va asegurada en un montaje fijo. Se distinguen entre ellas según su función, materiales y utilidad y constitución. En esta línea, ¿cuál de las siguientes opciones caracteriza a las cerraduras según su función?

a) Hierro.
b) Seguridad.
c) Cerraduras de carpintería.
d) Todas las anteriores son correctas.

15. Por su parte, los tiradores son herrajes esencialmente funcionales, pero también se usan con frecuencia como elemento decorativo para embellecer cajones y muebles. Clasificados según su diseño, señala cuál de estas opciones se ajusta a la siguiente definición: "se compone de una chapa de latón en la que se embute un asa pivotante o un aro. El tirador se empotra en el frente del cajón y se fija atornillado":

a) Tirador común.
b) Tirador de aldabilla.
c) Tirador de anilla.
d) Tirador de empotrar.

16. ¿Cuál de las siguientes afirmaciones se corresponde con la lezna?

a) Se utiliza solo para hacer pequeños agujeros en madera o para iniciar el atornillado de un tirafondo.
b) Es un instrumento para realizar pequeños agujeros en maderas, cueros, etc., con el objeto de que los tornillos agarren bien y no resbalen antes de usar el destornillador.
c) Es una herramienta en desuso debido a la proliferación de los taladros eléctricos y a los taladros o atornilladores de batería.
d) Es una barrena sin manija. Instrumento, generalmente de acero, para taladrar o hacer agujeros en superficies duras.

17. De entre estas herramientas manuales de carpintería, ¿cuál es la herramienta antecesora del taladro?

a) Barreno.
b) Berbiquí.
c) Broca.
d) Las respuestas a) y b) son correctas.

18. Las siguientes opciones responden a herramientas de corte, a excepción de:

a) Serrucho de costilla.
b) Segueta.
c) Brocas largas.
d) Sierra de bastidor o de San José.

19. Son herramientas de corte y vaciado:

a) Formones, gubias y escoplos.
b) Cuchillas, garlopas y guillamen.
c) Escofinas, limas y papel de lija.
d) Serruchos, sierras y seguetas.

20. La diferencia fundamental entre la escofina y la lima es que la lima se utiliza tanto para madera como para metales; en cambio, la escofina, solo se utiliza en maderas, ¿por qué?

a) La escofina no puede afilarse, por lo cual deberemos evitar el roce con clavos, tornillos, etc.
b) Los dientes de la escofina están completamente separados unos de otros. Para limpiar las limas y escofinas se utiliza una carda o cepillo de alambre.
c) Los cepillos o cardas sirven para aflojar las virutas de madera que se atascan entre los dientes de la escofina; después de la limpieza no se aplica aceite puesto que la escofina pierde mordida y la grasa se introduce en la madera y la ensucia.
d) Todas las anteriores son correctas.

21. ¿Cuál de las siguientes definiciones se corresponde con el martillo de ebanista?

a) Es un martillo con dos bocas diferentes, una plana para trabajo normal, clavar, golpear, etc., y la otra, con forma de cuña, sirve para golpear en algunos puntos inaccesibles, generalmente lo emplean los cristaleros, carpinteros y chapistas.
b) Este martillo es conocido por algunos autores como de peña, es un martillo ligero de poco peso, se utiliza para clavar clavos pequeños, grapas, etc.
c) Es un martillo ligero. La cabeza es redonda y alargada y la parte opuesta es ancha y dividida en dos sectores. Se usa para poner pequeños clavos y tachuelas.
d) Es una herramienta manual, cuya utilización principal es la de golpear, encajar partes o incluso romper objetos.

22. En los talleres de carpintería se usa tanto herramientas motorizadas como manuales. Señala cuál de ellas es la herramienta motorizada:

a) Cinceles.
b) Cepilladoras.
c) Barrenas.
d) Cepillos.

23. Señala cuál de las siguientes opciones se identifica con la siguiente definición: "generalmente, esta máquina es una sierra portátil. Se trata de una máquina diseñada para realizar cortes en diferentes ángulos y biseles, con la que se pueden realizar cortes de precisión y calidad":

a) Sierras circulares.
b) Ingletadora.

c) Lijadora de banda.

d) Sierra de calar empuñadura de pomo y de puente.

24. Este tipo de lijadora es de reciente aparición en la carpintería:

a) Lijadora mouse.

b) Lijadora triangular o delta.

c) Lijadora orbital.

d) Lijadora rotorbital.

25. Relativo a la lima eléctrica, una de estas afirmaciones es falsa:

a) Es útil para madera, metal, plástico, mampostería, cerámicos en superficies curvas y lugares pequeños, se utiliza para dar forma, limar y afilar. Posee un brazo estrecho, y como extras, tensión de la banda y colector de polvo.

b) Instrumento de trabajo tradicional en la carpintería y ebanistería. Es una herramienta ligera, puesto que no suelen ser de gran peso. Trabaja a una tensión de 220 voltios, debiendo, por tanto, adoptar las precauciones para máquinas eléctricas. Siempre trabaja sobre las piezas, para rebajarlas y en algunos casos labrarlas, logrando con varias pasadas devastar varios milímetros.

c) Esta máquina tiene el mismo principio de funcionamiento de una lijadora de banda. El papel de lija es angosto, de unos 13 mm, aproximadamente.

d) El sistema de tensar la banda en estas máquinas suele ser fácil de usar para prevenir que la cinta se salga de los rodillos mientras la herramienta está trabajando.

26. ¿Cuál de estas máquinas son fresadoras?

a) Talladora.

b) Ranuradora.

c) Engalletadora.

d) Todas las anteriores son correctas.

27. ¿Qué tipo de lijadora describe una órbita y gira sobre sí misma?

a) Lijadora de banda.

b) Lija rotorbital.

c) Lijadora triangular.

d) Lima eléctrica.

28. En relación a con las sierras circulares, ¿cuál de estas afirmaciones es cierta?

a) Tiene un motor con empuñadura y plataforma de apoyo y una guía lateral. Su hoja gira a gran velocidad, siendo más rápida que las sierras de calar.

b) Sirven para realizar cortes largos en línea recta en grandes superficies, fundamentalmente en aglomerados, maderas macizas, plásticos, etc. Estas máquinas nos permiten realizar cortes tanto en ángulo recto como en chaflán.

c) Las respuestas a) y b) son correctas.
d) Ninguna de las anteriores es correcta.

29. Esta máquina suele ser de gran tamaño de superficie lijadora, gira como lo haría un rodillo, la banda abrasiva alcanza hasta velocidades de 6,6 metros por segundo. Suelen tener mucha potencia de motor. Es una máquina que "muerde mucho"; si se desequilibra deforma la pieza, por tanto nunca la deberemos usar con maderas chapeadas. ¿Qué tipo de lijadora es?

a) Lijadora orbital.
b) Lima eléctrica.
c) Lijadora mouse.
d) Lijadora de banda.

30. En el mercado, el tipo más común de baterías para taladros suelen ser de dos tipos: níquel cadmio y níquel metal hidruro. ¿Cuál de estas opciones es la correcta para referirnos al níquel cadmio?

a) NiMH.
b) NiDc.
c) NiCd.
d) NiHM.

Solución al test n.º 7

1. c) Es necesario revisar periódicamente los muebles y rociar sobre estos productos antiparásitos.

2. a) Cerraduras de embutir.

3. c) Se pueden introducir arandelas gruesas entre las bisagras para elevar 1 o 2 milímetros su altura.

4. d) Las respuestas b) y c) son correctas.

5. b) Desatornillar el resorte inferior que enrolla la cinta.

6. d) Encolado.

7. a) Aglomerado de contrachapado.

8. b) Contrachapado estructural.

9. b) Tilo.

10. a) Olivo.

11. b) Herrajes.

12. a) Es un clavo de fuste delgado, se utiliza en las juntas a tope y a inglete. La cabeza se oculta en la superficie.

13. c) Pernios.

14. b) Seguridad.

15. d) Tirador de empotrar.

16. b) Es un instrumento para realizar pequeños agujeros en maderas, cueros, etc., con el objeto de que los tornillos agarren bien y no resbalen antes de usar el destornillador.

17. b) Berbiquí.

18. c) Brocas largas.

19. a) Formones, gubias y escoplos.

20. d) Todas las anteriores son correctas.

21. b) Este martillo es conocido por algunos autores como de peña, es un martillo ligero de poco peso, se utiliza para clavar clavos pequeños, grapas, etc.

22. b) Cepilladoras.

23. b) Ingletadora.

24. a) Lijadora mouse.

25. b) Instrumento de trabajo tradicional en la carpintería y ebanistería. Es una herramienta ligera, puesto que no suelen ser de gran peso. Trabaja a una tensión de 220 voltios, debiendo, por tanto, adoptar las precauciones para máquinas eléctricas. Siempre trabaja sobre las piezas, para rebajarlas y en algunos casos labrarlas, logrando con varias pasadas devastar varios milímetros.

26. d) Todas las anteriores son correctas.

27. b) Lija rotorbital.

28. c) Las respuestas a) y b) son correctas.

29. d) Lijadora de banda.

30. c) NiCd.

TEST N.º 8

Trabajos de pintura. Conocimientos generales. Operaciones de mantenimiento. Herramientas y materiales

1. Señala cuál de las siguientes tareas no es propia para ser desarrollada por el operario/a:

a) Emplastecer pequeñas superficies.
b) Pintar fachadas.
c) Preparar mezclas de pintura.
d) Mantener la distancia de seguridad entre el público y el lugar donde se desarrolle el trabajo.

2. Si queremos pintar ángulos o rincones de una gran superficie, utilizaremos:

a) Almohadilla.
b) Pistola.
c) Rodillo.
d) Brocha.

3. ¿Cómo se llama la técnica de pintura que se obtiene mezclando polvo de tiza y pintura acrílica para dar a la pared un efecto agrietado?

a) Estucado.
b) Craquelado.
c) Trapeado.
d) Lacado.

4. Técnica en la que se aplica primero una capa de pintura, antes de que seque se pasa un trapo, después se hacen líneas con un pincel fino para hacer efecto de vetas y por último, se difuminan las líneas con una brocha. Nos referimos al:

a) Lacado.
b) Patinas.
c) Bruñido.
d) Marmolado.

5. A la hora de preparar el soporte donde se va a pintar, eliminar los restos de capa de un antiguo recubrimiento que se halla en mal estado por medio de calor o acciones químicas se denomina:

a) Decapado.
b) Rascado.
c) Lavado.
d) Desengrasado.

6. Debemos tener en cuenta algunas pautas para pintar. De manera general, no se pintará:

a) De abajo hacia arriba.
b) Primero el techo.
c) Si está lloviendo.
d) Empezando por la pared de la ventana.

7. Las pinturas al aceite, esmalte oleosintéticos y sintéticos secan por:

a) Secado físico.
b) Secado químico.
c) Secado por oxidación.
d) Secado artificial.

8. Para resolver el problema de las señales de brochazos sobre la pintura es preciso:

a) Lijar la superficie y darle una capa muy fina.
b) Dar varias capas para lograr igualar la superficie.
c) Extender una capa gruesa de pintura.
d) Repasar la pintura cuando aún no está totalmente seca.

9. ¿A qué se debe que, conforme se realiza el trabajo de pintura, pueden aparecer películas elásticas que se mezclan con ella?

a) El paramento no está bien alisado.
b) El paramento posee humedades o filtraciones.
c) Se carga en exceso el pincel o el rodillo.
d) La pintura ha estado expuesta al aire.

10. Cuando la pintura no se extiende de forma uniforme puede deberse a varias razones. Señala la que no corresponda:

a) Uso excesivo de diluyente.
b) Falta de homogeneización de la pintura.

c) Poca calidad de la pintura empleada.
d) Presencia de agua en los útiles de trabajo.

11. Para pintar techos de pequeño tamaño se utilizará preferentemente:

a) Pistola.
b) Brocha redonda y gruesa.
c) Rodillo.
d) Almohadilla.

12. ¿Qué tipo de restos de pintura eliminaremos con cepillo de púas y rasqueta?

a) Temple.
b) Gotelé.
c) Plástica.
d) Cal.

13. Para pintar fachadas exteriores procederemos:

a) De abajo a arriba.
b) Desde la zona más cercana a la puerta.
c) Por arriba y en sentido horizontal.
d) Formando ángulos rectos para solapar cada pasada.

14. ¿Cómo se debe limpiar una superficie plástica que se prepara para la imprimación?

a) Con agua y jabón.
b) Con disolvente.
c) Con lejía.
d) Con dispersante.

15. Para la limpieza de pinturas al silicato y al cemento, se utilizará:

a) Bayetas secas o un plumero.
b) Un cepillo suave con agua abundante.
c) Bayeta húmeda con agua jabonosa.
d) Detergente no agresivo.

16. Aparato óptico que, montado sobre un trípode, describe un plano horizontal y puede realizar lecturas a miras metálicas graduadas y así obtener los distintos desniveles de los puntos:

a) Nivel de láser.
b) Nivel de burbuja.
c) Nivel de agua.
d) Nivel de línea.

17. El tiralíneas es una herramienta que se utiliza para:

a) Medición y replanteo de obra.
b) Preparar.
c) Aplicación.
d) Limpieza.

18. La pieza que une el mango de la brocha con las cerdas se denomina:

a) Vitola.
b) Visera.
c) Virola.
d) Vinola.

19. Para pintar grandes superficies con pintura pura se utiliza:

a) Mango telescópico.
b) Pistola sin aire.
c) Pistola de aire comprimido.
d) Brocha.

20. De las siguientes características, señala aquella que no es propia de la pintura al temple:

a) Resistente al agua.
b) Baja el tono al secarse.
c) Suelta polvo si tiene poca cola.
d) Se desconcha si tiene exceso de cola.

21. Es una pintura barata que se puede utilizar en exteriores; con ella se pueden pintar las zonas menos nobles, como son: garajes, talleres, sótanos, etc.:

a) Pintura al cemento.
b) Pintura a la cal.
c) Pintura a la cola.
d) Pintura al silicato.

22. Se trata de un tipo de pintura que, bajo la influencia del calor de una llama, reacciona cambiando su estructura física y química, para hincharse a continuación formando una capa esponjosa que al carbonizarse se convierte en una cámara alveolar aislante del calor:

a) Pintura ignífuga.
b) Pintura de PVC.
c) Pintura Intumescente.
d) Pintura aislante.

23. En un esmalte brillante cuanto más disolvente apliquemos más:

a) Resistente será.
b) Brillante será.
c) Reducirá el brillo.
d) Difícil será extenderlo.

24. Cuando los operarios se encuentren en el interior de la cabina de pintado, estén aplicando o no, y la ventilación no sea suficiente para controlar continuamente la concentración de partículas y el vapor del disolvente, deberán llevar:

a) Un distintivo visible.
b) Un equipo respiratorio con suministro de aire.
c) Un equipo eléctrico protegido según las normas adecuadas.
d) Un antídoto y otros productos antitóxicos.

25. ¿Qué tipo de barniz se utiliza para la protección temporal de carpintería de aluminio y otros objetos metálicos de hierro galvanizado, cromados, niquelados, etc.?

a) Barniz galvanizado.
b) Barniz pelable.
c) Barniz maleable.
d) Barniz Nitrocelulósico.

26. El mejor diluyente y disolvente de las de pinturas plásticas y esmaltes acrílicos es:

a) Aguarrás.
b) White spirit.
c) Amoniaco.
d) Agua.

27. ¿Cuál es el uso habitual del decapante en gel?

a) En superficies verticales.
b) En lugares de difícil acceso.
c) Para tabiques desmontables.
d) Sobre superficies plásticas.

28. Cuando se vuelva a utilizar pintura que haya quedado de un año para otro es conveniente:

a) Ligarla con agua.
b) Agitarla enérgicamente.
c) Filtrarla.
d) Desecharla.

29. Las rasquetas, raspadores, espátulas y raederas, que poseen hojas de acero, se recuperan con facilidad:

a) Sumergiéndolas en agua al menos 12 horas.
b) Pasando otra hoja de metal sobre ellas.
c) Añadiéndoles disolventes si fuera preciso.
d) Eliminando el polvo que haya podido quedar incrustado.

30. La pintura al silicato puede aplicarse con (señala la respuesta incorrecta):

a) Brocha.
b) Rodillo.
c) Pistola.
d) Almohadilla.

Solución al test n.º 8

1. b) Pintar fachadas.

2. d) Brocha.

3. b) Craquelado.

4. d) Marmolado.

5. a) Decapado.

6. c) Si está lloviendo.

7. c) Secado por oxidación.

8. a) Lijar la superficie y darle una capa muy fina.

9. d) La pintura ha estado expuesta al aire.

10. c) Poca calidad de la pintura empleada.

11. b) Brocha redonda y gruesa.

12. d) Cal.

13. c) Por arriba y en sentido horizontal.

14. a) Con agua y jabón.

15. b) Un cepillo suave con agua abundante.

16. d) Nivel de línea.

17. a) Medición y replanteo de obra.

18. c) Virola.

19. b) Pistola sin aire.

20. a) Resistente al agua.

21. a) Pintura al cemento.

22. c) Pintura Intumescente.

23. c) Reducirá el brillo.

24. b) Un equipo respiratorio con suministro de aire.

25. b) Barniz pelable.

26. d) Agua.

27. a) En superficies verticales.

28. c) Filtrarla.

29. b) Pasando otra hoja de metal sobre ellas.

30. d) Almohadilla.

TEST N.º 9

Trabajos de fontanería, saneamiento y calefacción. Conocimientos generales. Operaciones de mantenimiento. Sistemas de calentamiento de agua. Tipos de calderas en calefacción y agua caliente central. Circuitos de calefacción por agua caliente. Bombas de calor. Maquinaria, herramientas y materiales

1. La soldadura de tubos de cobre que se realiza con aglutinantes y funden a más de 700º C se denomina:

a) Soldadura blanda.
b) Soldadura por capilaridad.
c) Soldadura fuerte.
d) Soldadura en frío.

2. ¿Qué tipo de herramienta utilizaremos para el corte de tubos de PVC?

a) Cortatubos.
b) Racores de compresión de arandelas de plástico.
c) Tijeras de corte.
d) Cualquier tipo de sierra.

3. Para desatascar los bajantes, lo mejor es desmontarlos de su conexión con canalones y arquetas y proceder a su desembozado mediante el sistema de:

a) Uso de ventosas.
b) Varillado.
c) Uso de desatascadores químicos.
d) Uso de paleta apropiada.

4. Una de las medidas provisionales de urgencia que podemos tomar en la reparación de escapes y reventones de tuberías es:

a) Cortar la sección donde esté la fisura e insertar una nueva sección del mismo grosor y material, enroscada mediante dos racores.
b) Si el escape se produce en un racor que soporta una elevada presión, desmontarlo y envolver la rosca en cinta de teflón.

c) Cubrir la zona de fuga, agujero o grieta, con una tira de goma plástica sujeta mediante abrazaderas de tornillos bien apretadas.

d) Cortar la tubería a ambos lados de la fuga a una distancia de 2 cm. de longitud para intercalar un racor a presión, comprimiéndolo entre las dos bocas de tubería y ajustándolo mediante el giro opuesto de dos llaves.

5. Los malos olores procedentes de los desagües se deben de detener mediante los sifones. ¿Qué forma debería tener un sifón para mantener un nivel permanente de agua que choque contra los malos olores?

a) P.
b) Z.
c) S.
d) La respuesta a) y c) son correctas.

6. La parte de la cisterna que impide que siga entrando agua cuando la cisterna o depósito están llenos es:

a) Válvula de charnela.
b) Válvula del flotador.
c) Sifón.
d) Palanca de descarga.

7. El mantenimiento de los aparatos de calor se reduce al control de los dispositivos que los regulan. De ellos, el dispositivo que permite seleccionar las zonas donde queremos distribuir el calor, dejando cerradas las zonas no habitadas de un edificio, es:

a) El termostato.
b) El interruptor de encendido-apagado.
c) El sistema de válvulas del circuito de calefacción.
d) El radiador.

8. La principal función del subalterno o operario/a, en relación al aislamiento de estancias y su correcta climatización, es:

a) Vigilar el buen estado y encaje de ventanas y puertas.
b) Cerrar continuamente las puertas y ventanas que se encuentren abiertas.
c) Colocar ventiladores empotrados en la pared.
d) Instalar deshumidificadores.

9. Para el aislamiento de puertas y ventanas el operario/a podrá utilizar las tiras de espuma. Indica cuál de las siguientes no es una afirmación correcta sobre su colocación y mantenimiento:

a) Para un mayor rendimiento colocarlas sin estirar.
b) Se pegan mediante una cinta autoadhesiva que contiene la tira.

c) Durante su mantenimiento se deben de pintar.
d) Evitaremos exponerlas al sol para que no pierdan su elasticidad.

10. ¿Qué nombre reciben las piezas de metal u otro material que sirven para asegurar algunas cosas ciñéndolas?

a) Junta plana.
b) Abrazaderas.
c) Junta tórica.
d) Latiguillos.

11. Las juntas que están diseñadas para contener el paso del humo y gases de un compartimento a otro dentro de un mismo edificio se denominan:

a) Estancas.
b) Intumescentes.
c) Planas.
d) Tóricas.

12. La llave de paso que en posición abierta deja el paso del agua de forma total y en posición de cerrado, cierra el paso herméticamente, se denomina:

a) De compuerta.
b) De escuadra.
c) Normal.
d) De empotrar cuello largo.

13. Los grifos que tienen una boquilla fija o móvil, por la cual puede pasar el agua caliente o fría, o también mezcladas si lo precisamos, se denominan:

a) Sencillos.
b) Dosificador termostático.
c) Mezcladores.
d) De dos palancas.

14. En las pilas de dos senos, ¿cuántos sifones colocaremos?

a) No es necesario un sifón.
b) Uno para cada seno.
c) Uno para ambos senos.
d) Ninguna de las anteriores es correcta.

15. De las siguientes características, indica cuál no es propia de las tuberías de cobre:

a) Es un metal de color rojo salmón.
b) Es un buen conductor de la electricidad.

c) Con la humedad se recubre de una capa de óxido llamada "cardenillo".
d) Es un mal conductor del calor.

16. En la acometida o entrada general de agua en las viviendas, las tuberías suelen tener el siguiente diámetro de tubo:

a) 18 mm.
b) 22 mm.
c) 15 mm.
d) 20 mm.

17. Entre las siguientes afirmaciones sobre las tuberías de hierro, existe una que no es correcta:

a) El hierro negro está permitido para su uso en conducciones de agua potable.
b) Actualmente están prohibidas.
c) Son más difíciles de manipular.
d) Existen dos grupos de tuberías de hierro: negro y galvanizado.

18. ¿Cuál no es una ventaja de las tuberías de PVC?

a) No les afectan las heladas.
b) Son muy ligeras.
c) Son económicas.
d) Se oxidan.

19. ¿Cuál es el sistema que debemos usar para la unión de tuberías de PVC?

a) Pegado.
b) Soldado.
c) Roscado.
d) Ninguna de las anteriores es correcta.

20. Las pasta hecha de tiza y aceite de linaza, usada para sujetar cristales es:

a) Masilla.
b) Silicona.
c) Pasta de papel.
d) Goma-espuma.

21. ¿Cuál es una característica de la goma-espuma?

a) Tiene baja adhesión.
b) Los restos de goma-espuma no se pueden eliminar.

c) No se puede pintar cuando está seca.
d) Crece 2 o 3 veces de volumen en una hora.

22. La herramienta que se utiliza para ensanchar o ampliar la boca de los tubos se conoce con el nombre de:

a) Abocinador.
b) Abocardador.
c) Mandril.
d) Curvadora.

23. ¿Qué otro nombre recibe el soplete que suele utilizar el fontanero para soldar cobre, plomo, etc.?

a) Sopletín.
b) Pistola de soldar.
c) Lámpara de soldar.
d) Todas las respuestas son correctas.

24. Señala el nombre que reciben las herramientas que se utilizan para realizar roscas a mano para pernos, tornillos y otras piezas cilíndricas:

a) Terrazas.
b) Terrajas.
c) Tinajas.
d) Tenazas.

25. La llave que proporciona potencia de agarre sin arañar ni deformar los tubos de plástico o metal pulido, que se utiliza en tubos de plástico, filtros o cualquier superficie resbaladiza o lisa, se denomina:

a) Llave dullan.
b) Tenazas para tubos.
c) Pico de loro.
d) Llave de cinta.

26. La llave que se caracteriza por tener un pivote en uno de sus extremos que se introduce en el chavetero o ranura de algunas tuercas especiales para aflojar o apretar estas se llama:

a) Stillson.
b) De medio punto.
c) Grip de cadena.
d) Grip de correa.

27. ¿Cómo se llama el tornillo para sujetar tubos en el que se realiza el apriete por medio de una manivela situada en la parte superior del tornillo?

a) Mordaza.
b) Cadena.
c) Cortatubos.
d) Ninguna de las anteriores es correcta.

28. ¿Cuál de las siguientes medidas de seguridad no es adecuada en el uso de la lámpara de soldar?

a) Mantenerla encendida, aun cuando no la necesitemos, para ahorrar tiempo.
b) Mantener la botella alejada de cualquier foco de calor.
c) No dejar mecheros de gas encima de la mesa de soldar o zona de trabajo.
d) Usar guantes aislantes del color en la manipulación de las tuberías recién soldadas.

29. Con la herramienta de realizar curvaturas en los tubos de cobre, podemos realizar ángulos de:

a) 25°.
b) 45°.
c) 135°.
d) Las respuestas b) y c) son correctas.

30. La herramienta diseñada para dar diferentes formas a las bocas de los tubos de metal es:

a) Abocinador.
b) Abocardador.
c) Cortatubo telescópico.
d) Curvadora.

Solución al test n.º 9

1. c) Soldadura fuerte.

2. d) Cualquier tipo de sierra.

3. b) Varillado.

4. c) Cubrir la zona de fuga, agujero o grieta, con una tira de goma plástica sujeta mediante abrazaderas de tornillos bien apretadas.

5. d) Las respuestas a) y c) son correctas.

6. b) Válvula del flotador.

7. c) El sistema de válvulas del circuito de calefacción.

8. a) Vigilar el buen estado y encaje de ventanas y puertas.

9. c) Durante su mantenimiento se deben de pintar.

10. b) Abrazaderas.

11. b) Intumescentes.

12. a) De compuerta.

13. c) Mezcladores.

14. c) Uno para ambos senos.

15. d) Es un mal conductor del calor.

16. b) 22 mm.

17. a) El hierro negro está permitido para su uso en conducciones de agua potable.

18. d) Se oxidan.

19. c) Roscado.

20. a) Masilla.

21. d) Crece 2 o 3 veces de volumen en una hora.

22. b) Abocardador.

23. c) Lámpara de soldar.

24. b) Terrajas.

25. d) Llave de cinta.

26. b) De medio punto.

27. a) Mordaza.

28. a) Mantenerla encendida, aun cuando no la necesitemos, para ahorrar tiempo.

29. d) Las respuestas b) y c) son correctas.

30. a) Abocinador.

TEST N.º 10

Trabajos de electricidad. Conocimientos generales. Operaciones de mantenimiento en instalaciones eléctricas. Conductores y aislantes. Esquema básico de una instalación eléctrica. Maquinaria, herramientas y materiales

1. ¿Qué evidencias percibiremos cuando exista una avería debida a la conexión defectuosa de la reactancia, que habrá que comprobar, o bien a que la reactancia es inadecuada, por lo que habrá que sustituirla por otra de potencia acorde con el tubo fluorescente?

a) Los bornes zumban produciendo ruido.
b) El tubo no enciende.
c) La luz parpadea.
d) Los extremos del tubo se ponen negros.

2. ¿Cómo se llama la herramienta que permite saber si hay tensión entre el conductor y la tierra?

a) Polímetro.
b) Tensiómetro.
c) Buscapolos.
d) Vástago.

3. Indica cuál de los siguientes no es un tipo de fusible:

a) De plaqueta.
b) De vástago.
c) De cartucho.
d) De tapón.

4. Los enchufes que sirven para conectar aparatos y están dotados de equipo para toma de tierra, ¿cuántos bornes presentan?

a) Uno.
b) Dos.

c) Tres.
d) Cuatro.

5. Para sustituir un portalámparas defectuoso es necesario, en primer lugar:

a) Desatornillar los terminales de los conductores.
b) Reemplazar la reactancia.
c) Desenroscar la bombilla y quitarla de la base.
d) Desenroscar el aro de porcelana y la funda metálica para acceder a la base.

6. ¿Cómo se llama el interruptor que desconecta automáticamente la instalación en caso de producirse una derivación de algún aparato o en algún punto de instalación?

a) IAD.
b) ICP.
c) PIA.
d) IPC.

7. Los elementos metálicos (generalmente de cobre) que siempre estarán recubiertos con material protector (aislante) destinados a transportar la energía eléctrica, se denominan:

a) Interruptores.
b) Conductores eléctricos.
c) Cajas de registros.
d) Empalmes.

8. ¿Qué tipo de alicates utilizaremos para agarre y plegado en ángulo recto de alambres y piezas de chapa?

a) De corte.
b) De puntas redondas.
c) De puntas planas.
d) De puntas acodadas.

9. ¿Qué tipo de aparato utilizaremos para comprobar la iluminación del ordenador?

a) Polímetro.
b) Voltímetro.
c) Vatímetro.
d) Luxómetro.

10. ¿Cuál es la unidad en la que se mide la intensidad de la corriente?

a) Ohmio.
b) Lux.

c) Voltio.
d) Amperio.

11. El aparato que sirve para medir la intensidad y el sentido de una corriente eléctrica que circula a través de una resistencia se llama:

a) Galvanómetro.
b) Óhmetro.
c) Amperímetro.
d) Voltímetro.

12. ¿Qué caracteriza al destornillador de electricista?

a) Tiene la cabeza delgada y la punta cuadrada y lisa.
b) Lleva el vástago de acero recubierto de una funda de plástico.
c) Tiene una pequeña lámpara de neón en el interior del mango transparente.
d) Es tipo estrella o cruciforme.

13. Si quisiéramos conocer la potencia consumida por un circuito eléctrico, deberíamos usar:

a) Voltímetro.
b) Vatímetro.
c) Pinza amperimétrica.
d) Polímetro.

14. ¿En qué tipo de alumbrado el nivel de iluminación nominal no se alcanza hasta después de transcurridos unos minutos?

a) Fluorescentes.
b) Bombillas.
c) Lámparas LED.
d) Lámparas de bajo consumo.

15. ¿Cómo se llama la protección principal de cualquier instalación eléctrica?

a) ICP.
b) IGA.
c) Cuadro General de Mando.
d) Interruptor Diferencial.

16. Tiene como función la de controlar la potencia que consume la línea, desconectándose cuando la potencia consumida sea superior a la contratada:

a) ICP.
b) IAD.

c) IGA.

d) UVA.

17. ¿Cuál es el interruptor que se encarga de proteger a las personas de los contactos indirectos, conocido también como "salvavidas"?

a) Interruptor general automático.

b) Interruptor automático diferencial.

c) Interruptor de control de potencia.

d) Toma de tierra.

18. Todo sistema de puesta a tierra consta de varias partes. Señala la que no corresponda:

a) Línea principal de tierra.

b) Conductores de protección.

c) Tomas de tierra.

d) Fase del circuito eléctrico.

19. En un circuito eléctrico, ¿qué cable corresponde con la toma de tierra?

a) Negro.

b) Marrón.

c) Amarillo con una franja verde.

d) Azul.

20. Los interruptores que se utilizan para encender o apagar varias lámparas desde tres o más sitios indistintamente, se llaman:

a) Interruptor simple.

b) Interruptor de cruce.

c) Interruptor conmutado.

d) Interruptor en línea.

21. Base de enchufe tipo europeo, proviene de Alemania, cuya toma de tierra es lateral:

a) Conmutador.

b) Pulsador.

c) Clavija eléctrica.

d) Base de enchufe schuko.

22. La Unión Técnica de Electricidad clasifica los materiales aislantes eléctricos según las temperaturas máximas de trabajo. ¿A qué clase pertenece el papel encerado?

a) 0.

b) A.

c) B.

d) C.

23. Dispositivo que mide la energía consumida (activa o reactiva). Puede ser propiedad del cliente (consumidor) o de la empresa suministradora (compañía eléctrica):

a) Contador eléctrico de energía activa.

b) Contador eléctrico de energía reactiva.

c) Contador eléctrico de energía múltiple.

d) Contador.

24. Pieza de material aislante con dos varillas metálicas, las cuales se introducen en las hembrillas del enchufe para establecer una conexión eléctrica:

a) Interruptor.

b) Clavija eléctrica.

c) Conductor eléctrico.

d) Enchufe.

25. ¿Qué tipo de lámparas han de ser recicladas con tratamiento de residuos peligrosos?

a) Lámparas de bajo consumo.

b) Lámparas LED.

c) Lámparas halógenas.

d) Bombillas incandescentes.

26. Un cortocircuito se produce cuando:

a) El cable de alimentación y el de retorno de un aparato entran en contacto.

b) El cable de retorno entra en contacto con otro cable de retorno.

c) El circuito eléctrico funciona de manera ininterrumpida.

d) No existe cable de retorno.

27. El cable neutro es de color:

a) Marrón.

b) Negro.

c) Azul.

d) Amarillo con una franja verde.

28. Cuando una persona sufre un accidente eléctrico, lo primero que debe hacerse es:

a) Sujetarla con fuerza y tirar de ella.

b) Cortar la fuente de la alimentación de la corriente.

c) Esperar a que salte el diferencial.

d) Alejarse de ella lo antes posible.

29. Si al buscar con el buscapolos el cable que tiene tensión se enciende la luz, significa que tocamos:

a) Neutro.

b) Tierra.

c) Fase.

d) Receptor.

30. En un enchufe, si se observa que la carcasa que recubre los bornes tiene algún tipo de deformación o señal de que se ha incendiado parcialmente debido a un cortocircuito (el plástico quemado), se deberá cambiar:

a) La fase.

b) La base.

c) El neutro.

d) Los bornes.

Solución al test n.º 10

1. a) Los bornes zumban produciendo ruido.

2. c) Buscapolos.

3. b) De vástago.

4. c) Tres.

5. d) Desenroscar el aro de porcelana y la funda metálica para acceder a la base.

6. a) IAD.

7. b) Conductores eléctricos.

8. c) De puntas planas.

9. d) Luxómetro.

10. d) Amperio.

11. a) Galvanómetro.

12. b) Lleva el vástago de acero recubierto de una funda de plástico.

13. b) Vatímetro.

14. d) Lámparas de bajo consumo.

15. b) IGA.

16. a) ICP.

17. b) Interruptor automático diferencial.

18. d) Fase del circuito eléctrico.

19. c) Amarillo con una franja verde.

20. b) Interruptor de cruce.

21. d) Base de enchufe schuko.

22. b) A.

23. d) Contador.

24. b) Clavija eléctrica.

25. a) Lámparas de bajo consumo.

26. a) El cable de alimentación y el de retorno de un aparato entran en contacto.

27. c) Azul.

28. b) Cortar la fuente de la alimentación de la corriente.

29. c) Fase.

30. b) La base.

TEST N.º 11

Trabajos de jardinería. Conocimientos generales. Principales técnicas en el cuidado de las plantas. Métodos, sistemas y épocas adecuadas para las tareas de mantenimiento y conservación. Instalación de red de riego. Control de plagas y enfermedades en jardinería. Maquinaria, herramientas y materiales

1. La actividad que consiste en labrar la tierra para repartir los terrones y, a la vez romperlos, que se suele realizar al final del invierno cuando finalizan las heladas, se llama:

a) Desbrozar.
b) Desmenuzar
c) Mullir.
d) Laboreo.

2. La actividad con la que abrimos surcos en el suelo con el fin de poder plantar en ellos se denomina:

a) Desbrozar.
b) Roturar.
c) Labrar.
d) Cavar.

3. ¿Con qué herramienta conviene hacer el laboreo?

a) Con la motosierra.
b) Con la desbrozadora.
c) Con la motoazada.
d) Con el biérgol.

4. ¿Qué tipo de abono orgánico se encuentra entre los más utilizados?

a) Vermiculita.
b) Perlita.

c) Turba.
d) Sepiolita.

5. Es la técnica que se emplea en agricultura para arrancar los cardos y las malas hierbas que nacen junto al cultivo y que son perjudiciales para su buen desarrollo, ya que sus raíces crecen más rápido que las plantas cultivadas. De esta manera se deja más espacio para la siembra y se promueve su producción. Se realiza a lo largo del periodo de siembra, de modo que se aprovecha para mover la tierra y crear canales por donde circula el agua, evitando que se evapore. Nos referimos a:

a) Escardar.
b) Plantar.
c) Binar.
d) Segar.

6. Para poder frenar la evaporación del agua de superficie, se le da una segunda vuelta a la tierra, para aflojar el suelo. En esto consiste:

a) Binar.
b) Escardar.
c) Airear.
d) Segar.

7. Para arbustos y árboles de hoja caduca, la época más acertada para realizar el trasplante es:

a) El principio de la primavera.
b) La llegada del otoño.
c) El estado del terreno.
d) Mediados o finales de otoño.

8. La labor que consiste en desmenuzar el terreno se realiza:

a) Después de haber sembrado/plantado.
b) Previo a la siembra.
c) En momentos dependientes del clima.
d) Al terminar el invierno, cuando finalizan las heladas.

9. Hay que tener siempre en cuenta que hay una parte en la planta muy sensible en cuanto a encharcamientos o daños mecánicos. Esta es:

a) La raíz.
b) La hoja.
c) La flor
d) La parte aérea.

10. ¿Qué herramienta se usa para la labranza vertical superficial, la eliminación de malezas y de ciertos cuidados de los cultivos en hileras?

a) Cizalla.
b) Paletín.
c) Laya.
d) Cultivador.

11. Con objeto de aportar nutrientes y servir de abrigo en épocas de frío, se aconseja:

a) Abonado mineral.
b) Riego continuado.
c) Rastrillado superficial de restos y desechos.
d) Abonado orgánico o mantillo.

12. ¿Qué tipo de labor se debe realizar en la tierra con intención de que penetre el agua en ella?

a) Desbrozar.
b) Desmenuzar.
c) Entrecavar.
d) Labrar.

13. ¿En qué mes se plantan bulbos y rizomas sin germinar?

a) Octubre.
b) Noviembre.
c) Febrero.
d) Marzo.

14. ¿En qué mes deben plantarse los árboles y arbustos caducifolios?

a) Octubre.
b) Noviembre.
c) Diciembre.
d) Enero.

15. Esta herramienta está formada por una pieza de hierro, plana o ligeramente cóncava, enlazada generalmente por un anillo al mango. Nos va a permitir cavar tierras poco compactas, abrir zanjas y hoyos donde plantar árboles o arbustos, o instalar conducciones de agua, mover montones de arena, áridos, etc.

a) Rodillo.
b) Almocafre.
c) Azada.
d) Horquilla.

16. Si deseamos escardar y limpiar la tierra de malas hierbas y trasplantar plantas pequeñas, utilizaremos una azadilla de boca estrecha y mango corto llamada:

a) Azada.
b) Hoz.
c) Almocafre.
d) Horca.

17. ¿Cuál de las siguientes herramientas puede ser manejada con una sola mano?

a) Guadaña.
b) Hacha.
c) Azada.
d) Hoz.

18. ¿En qué tipo de trabajos se utiliza la guadaña a ras de suelo?

a) Desbrozado.
b) Poda.
c) Segado.
d) Aclarado.

19. ¿Qué herramienta utilizaremos si queremos apisonar la tierra y compactarla, adaptando el césped al terreno o para alisar caminos de arena, grava o tierra apisonada?

a) Un rodillo para jardín.
b) Una horquilla.
c) Un rastrillo.
d) Un palote.

20. Señala la respuesta incorrecta. La sierra de poda…:

a) Resulta muy útil para zonas limitadas de trabajo.
b) Cuantos más dientes tiene, más preciso es su corte.
c) Corta en dirección contraria a los serruchos.
d) Se utilizan sierras con dientes pequeños para ramas grandes.

21. Para hacer cortes rápidos en ramas grandes cuando el corte no presenta ninguna dificultad, se utiliza:

a) Serrucho de poda.
b) Arco de sierra
c) Tijeras cortasetos.
d) Tijeras de podar.

22. ¿Qué tipo de herramienta se usa para la poda en viveros, para repasar porta-injertos y para mejorar cortes deficientes realizados por otras herramientas?

a) Navaja de injertar.
b) Navaja de podar.
c) Sierra de arco.
d) Tijera de jardinero.

23. ¿Qué tipo de riego utilizaremos si queremos regar una superficie pequeña?

a) Difusor.
b) Aspersor.
c) Electroválvula.
d) Nebulizador.

24. ¿Cuál puede ser una buena medida de hoja a la hora de elegir un cortasetos?

a) 30-40 centímetros.
b) 60-70 centímetros.
c) 50-60 centímetros.
d) 40-50 centímetros.

25. ¿Qué tipo de herramienta permite muchos trabajos en relación con el corte, desde abatir árboles hasta el rajado de troncos, o la poda de setos?

a) Motosierra.
b) Hacha.
c) Tijera de recorte.
d) Tijera de mano.

26. ¿Cómo se llama el conjunto de hojas dispuestas de forma muy apretada y junta; están rodeadas por unas hojas exteriores más duras, que lo/la protegen del medio externo hasta que se abra y se desarrolle?

a) Tallo.
b) Yema.
c) Caña.
d) Raíz.

27. En los tallos primarios ¿por dónde y cómo circula la savia elaborada?

a) Por fuera y en sentido descendente.
b) Por fuera y en sentido ascendente.
c) Por dentro y en sentido descendente.
d) Por dentro y en sentido ascendente.

28. ¿Cómo se llama el tejido que provoca el crecimiento en longitud de la raíz, provocado por unas hormonas llamadas citoquininas?

a) Central
b) Meristemo apical.
c) Intercalar.
d) Terminal.

29. La porción de suelo que la raíz de una planta es capaz de acaparar se denomina:

a) Rizoma.
b) Ecozona.
c) Rizosfera.
d) Cofia.

30. ¿A qué tipo de raíz pertenece la zanahoria?

a) Reticulada.
b) Columnar.
c) Fascilulada.
d) Napiforme.

31. ¿Qué órgano de la planta es el encargado de realizar los procesos de intercambio gaseoso?

a) El tallo.
b) Los nervios.
c) La raíz.
d) Los estomas.

32. ¿Cómo se llama la parte de inserción de la hoja en el tallo?

a) Haz.
b) Limbo.
c) Pecíolo.
d) Limbo.

33. Cuando se consigue que se desarrollen raíces en una parte del tallo que permanece unido a la planta materna y que se separa de ésta una vez enraizado convirtiéndose en una planta nueva, se dice que se ha hecho un:

a) Acodo.
b) Injerto.
c) Esqueje.
d) Enraizado.

34. ¿Qué hacemos al cortar de una planta, cuyos caracteres se quiere conservar y transmitir, una yema o un brote con yemas denominado púa que se suelda a otra planta especialmente robusta denominada patrón?

a) Un injerto.
b) Un acodo.
c) Un esqueje.
d) Una deriva.

35. Cuando el pericarpio forma parte del receptáculo carnoso de un fruto, se denomina fruto pomo. ¿Cuál de los siguientes pertenece a esa categoría?

a) Melocotón.
b) Pera.
c) Tomate.
d) Melón.

36. El más importante de los factores físicos limitantes para los insectos es:

a) El viento.
b) La temperatura.
c) La lluvia.
d) La luz.

37. Los fungicidas son productos que se usan contra:

a) Los hongos.
b) Los insectos.
c) Las bacterias.
d) Las malas hierbas.

38. El manejo integrado de plangas intenta:

a) Aumentar el uso de plaguicidas y la población de enemigos naturales de la plaga.
b) Exterminar completamente la plaga.
c) Disminuir la población de enemigos naturales de la plaga.
d) Disminuir el uso de plaguicidas y mejorar la población de enemigos naturales de la plaga.

39. En los espacios utilizados por el público en general (jardines, campos de deporte o espacios utilizados por grupos vulnerables), solamente podrán ser utilizados los productos fitosanitarios:

a) Mediante tratamientos aéreos.
b) Bajo riesgo, que hayan sido expresamente autorizados.

c) Alto riesgo, que hayan sido expresamente autorizados.
d) No pueden usarse productos fitosanitarios.

40. Los tratamientos de los parques y jardines deben ser realizados por usuarios profesionales inscritos en el:

a) Registro Oficial de Productores y Operadores de Medios de Defensa del Ministerio de Agricultura, Pesca y Alimentación.
b) Registro Oficial de Productores Profesionales de Medios de Defensa del Ministerio de Agricultura, Pesca y Alimentación.
c) Registro Oficial de Productores y Aplicadores de Medios de Defensa del Ministerio de Agricultura, Pesca y Alimentación.
d) Registro Oficial de Productores y Operadores de Medios de Defensa del Ministerio de Transición Ecológica.

41. Los productos fitosanitarios no pueden ser utilizados en parques y jardines de uso público si en la etiqueta de su envase figura la frase:

a) Uso profesional en lugares destinados al público en general.
b) Uso profesional en lugares cerrados al público en general.
c) Uso no profesional en lugares no destinados al público en general.
d) Uso profesional en lugares no destinados al público en general.

42. En el plan de trabajo previo a la realización de un tratamiento fitosanitario, ¿cuál de estos apartados no es necesario incluir?

a) Fecha de caducidad del producto.
b) Fechas previstas para la ejecución del tratamiento.
c) Zona a tratar y plantas objeto del tratamiento.
d) Productos y dosis a aplicar.

43. En tratamientos fitosanitarios por pulverización, se entiende por "deriva":

a) La fracción pulverizada que por vía aérea se desplaza más allá del objetivo.
b) La fracción pulverizada que por vía terrestre se desplaza más allá del objetivo.
c) La fracción pulverizada que por vía aérea no se desplaza más allá del objetivo.
d) La fracción no pulverizada que por vía aérea se desplaza más allá del objetivo.

44. Con carácter general, en los tratamientos fitosanitarios, se establecerán bandas de seguridad respecto a las masas de agua superficiales, con una distancia mínima de:

a) 10 m.
b) 5 m.
c) 2 m.
d) No se establece distancia.

45. Para el caso de aguas destinadas al consumo humano se mantendrá una distancia mínima entre la zona tratada y los puntos o masas de agua a preservar de:

a) 50 m.
b) 100 m.
c) 10 m.
d) 5 m.

46. En el caso de mezclar dos productos fitosanitarios, uno sólido con uno líquido se añadirá en primer lugar:

a) Los dos a la vez.
b) El líquido y después el sólido.
c) El sólido y después el líquido.
d) No se pueden mezclar.

47. La formación de las gotas se produce por presión hidráulica en las boquillas en las pulverizaciones:

a) Ultra bajo volumen.
b) Centrífugas.
c) Neumáticas.
d) Hidráulicas.

48. Introducir un preparado fitosanitario en el sistema vascular de la planta mediante una inyección se llama:

a) Pulverización.
b) Endoterapia.
c) Agujoterapia.
d) Quimigación.

49. La quimigación permite distribuir productos fitosanitarios mediante:

a) El riego por goteo.
b) Endoterapia.
c) Pulverización.
d) Abonado foliar.

50. El método de exclusión consiste en:

a) Evitar que las plagas lleguen al jardín.
b) Evitar el uso de plaguicidas.
c) Evitar la reproducción de la plaga.
d) Evitar la lucha biológica.

51. Las sustancias denominadas semioquímicos, que sirven para la comunicación entre individuos de la misma especie se llaman:

a) Alomonas.
b) Feromonas.
c) Cairomonas.
d) Atrayentes.

52. ¿Cuál de estas especies no se usa en el control microbiano?

a) Hongos.
b) Bacterias.
c) Nematodos.
d) Ácaros.

53. Los hongos entomopatógenos:

a) Penetran en el insecto principalmente a través de una bacteria.
b) Penetran en el insecto principalmente por contacto con otro insecto.
c) Penetran en el insecto principalmente por contacto a través de la piel.
d) Penetran en el insecto principalmente por ingestión.

54. *Bacillus thuringiensis* actúa por:

a) Contacto.
b) Ingestión.
c) Contagio con otro insecto.
d) La piel.

55. Los insecticidas capaces de penetrar por los tejidos de la planta que se traslocan a toda la planta y no solo a la parte rociada, matando al insecto cuando se alimenta de ella, se llaman:

a) De contacto.
b) Sistémicos.
c) De inhalación.
d) De ingestión.

Solución al test n.º 11

1. c) Mullir.

2. b) Roturar.

3. c) Con la motoazada.

4. c) Turba.

5. a) Escardar.

6. a) Binar.

7. d) Mediados o finales de otoño.

8. b) Previo a la siembra.

9. d) La parte aérea.

10. d) Cultivador.

11. d) Abonado orgánico o mantillo.

12. c) Entrecavar.

13. a) Octubre.

14. d) Enero.

15. c) Azada.

16. c) Almocafre.

17. d) Hoz.

18. c) Segado.

19. a) Un rodillo para jardín.

20. d) Se utilizan sierras con dientes pequeños para ramas grandes.

21. b) Arco de sierra.

22. b) Navaja de podar.

23. a) Difusor.

24. c) 50-60 centímetros.

25. a) Motosierra.

26 b) Yema.

27. a) Por fuera y en sentido descendente.

28. b) Meristemo apical.

29. c) Rizosfera.

30. d) Napiforme.

31. d) Los estomas.

32. c) Pecíolo.

33. a) Acodo.

34. a) Un injerto.

35. b) Pera.

36. b) La temperatura.

37. a) Los hongos.

38. d) Disminuir el uso de plaguicidas y mejorar la población de enemigos naturales de la plaga.

39. b) Bajo riesgo, que hayan sido expresamente autorizados.

40. a) Registro Oficial de Productores y Operadores de Medios de Defensa del Ministerio de Agricultura, Pesca y Alimentación.

41. d) Uso profesional en lugares no destinados al público en general.

42. a) Fecha de caducidad del producto.

43. a) La fracción pulverizada que por vía aérea se desplaza más allá del objetivo.

44. b) 5 m.

45. a) 50 m.

46. c) El sólido y después el líquido.

47. d) Hidráulicas.

48. b) Endoterapia.

49. a) El riego por goteo.

50. a) Evitar que las plagas lleguen al jardín.

51. b) Feromonas.

52. d) Ácaros.

53. c) Penetran en el insecto principalmente por contacto a través de la piel.

54. b) Ingestión.

55. b) Sistémicos.

Normas generales de seguridad y salud laboral. Definición y utilización de EPI's

1. La evaluación de los riesgos laborales es:

a) Es un proceso técnico en la organización del trabajo.

b) Un proceso dirigido a estimar la magnitud de los riesgos que no hayan podido evitarse.

c) Es un procedimiento estático.

d) Es una práctica para el control y la protección de los trabajadores.

2. El art. 29 de la LPRL establece las obligaciones de los trabajadores en materia de prevención de riesgos. De las siguientes no se considera una obligación del trabajador:

a) Utilizar correctamente los medios y equipos de protección facilitados por el empresario, de acuerdo con las instrucciones recibidas de éste.

b) Usar adecuadamente, de acuerdo con su naturaleza y los riesgos previsibles, las máquinas, aparatos, herramientas, sustancias peligrosas, equipos de transporte y, en general, cualesquiera otros medios con los que desarrollen su actividad.

c) Informar de inmediato a su superior jerárquico directo, y a los trabajadores designados para realizar las actualizaciones que consideren oportunas en el equipo de protección individual.

d) No poner fuera de funcionamiento y utilizar correctamente los dispositivos de seguridad existentes o que se instalen en los medios relacionados con su actividad o en los lugares de trabajo en los que ésta tenga lugar.

3. ¿Cuándo se deben utilizar los equipos de protección individual?

a) Siempre.

b) Cuando los riesgos no hayan sido evaluados.

c) Cuando los riesgos no se puedan evitar o no puedan limitarse.

d) Cuando el trabajador lo estime oportuno.

4. ¿Quién debe proporcionar al trabajador los equipos individuales de protección adecuados para el desempeño de sus funciones?

a) La Comunidad Autónoma.
b) El empresario.
c) Los Ayuntamientos.
d) El Instituto Nacional de Seguridad e Higiene.

5. El conjunto completo de elementos que constituyen un medio de mantener el casco de seguridad en posición sobre la cabeza y de absorber energía cinética durante un impacto, ¿cómo se llama?

a) Arnés.
b) Casquete.
c) Barboquejo.
d) Banda de cabeza.

6. ¿Cómo se llama la banda que se acopla bajo la barbilla para ayudar a sujetar el casco sobre la cabeza?

a) Arnés.
b) Casquete.
c) Barboquejo.
d) Banda de cabeza.

7. ¿Cuál de los siguientes materiales es el más adecuado para un guante cuyo propósito es proteger contra sustancias químicas agresivas?

a) PVC.
b) Butilo.
c) Nitrilo.
d) Látex.

8. Si además de los ojos, el protector protege parte o la totalidad de la cara u otras zonas de la cabeza, se habla de:

a) Gafas de protección.
b) Cascos faciales.
c) Pantallas de protección.
d) Caretas de seguridad.

9. Cuando los oculares de protección contra radiaciones queden expuestos a salpicaduras de metal fundido, su vida útil se puede prolongar mediante el recurso a antecristales, los cuales deberán siempre ser de clase óptica:

a) 4.
b) 3.

c) 2.
d) 1.

10. El calzado que incorpora elementos para proteger al usuario de riesgos que puedan originar accidentes, equipado con tope de seguridad, diseñado para ofrecer protección contra el impacto cuando se ensaya con un nivel de energía de, al menos, 200 J y contra la compresión cuando se ensaya con una carga de al menos 15 kN. ¿Cómo se denomina?

a) Calzado de seguridad.
b) Calzado de trabajo.
c) Calzado ignífugo.
d) Calzado de protección.

11. En la clasificación I del calzado de protección, seguridad y trabajo, según su material de fabricación, entraría:

a) Calzado vulcanizado.
b) Calzado todo de caucho.
c) Calzado todo polimérico.
d) Calzado de cuero.

12. ¿Cuál de los siguientes es un medio de protección colectiva?

a) Red de seguridad.
b) Cascos de seguridad.
c) Calzado de seguridad.
d) Gafas de protección.

13. ¿Cuál de las siguientes es un tipo de red de seguridad para limitar caídas?

a) Red tipo tenis.
b) Red con horca.
c) Red vertical de fachada.
d) Red horizontal para huecos.

14. De los siguientes, se consideran legalmente equipos de protección individual:

a) Los cinturones de seguridad de automóviles.
b) El material de autodefensa.
c) Los aparatos de detección de riesgos.
d) Los equipos anticaídas.

15. No tienen, legalmente, la consideración de EPI:

a) Los cascos.
b) Los tapones para los oídos.

c) Los equipos de socorro y salvamento.
d) El calzado de seguridad.

16. Los equipos de protección individual (EPI):

a) Actúan sobre el origen del riesgo.
b) Eliminan los riesgos.
c) Pretenden minimizar las consecuencias del riesgo.
d) Sustituyen a las medidas de protección colectiva.

17. ¿Cuál de las siguientes medidas se debería adoptar primeramente?

a) Tratar al trabajador cuando se accidente.
b) Evitar el riesgo.
c) Controlar el riesgo en origen.
d) Utilizar un EPI.

18. La utilización de un equipo de protección individual no se justifica cuando:

a) Es imposible eliminar el riesgo.
b) Es imposible instalar una protección colectiva eficaz.
c) Se ha eliminado el riesgo.
d) Existe un riesgo residual tras haber instalado la protección colectiva.

19. Es una medida preventiva para evitar caídas a distinto nivel:

a) Utilizar cuando sea necesario sillas, mesas, cajas, etc…, como escaleras improvisadas.
b) Revisar periódicamente el correcto estado de las escaleras.
c) Utilizar escaleras de madera pintada.
d) Rociar yeso en los peldaños de la escalera.

20. Respecto a la inclinación del tronco en la manipulación manual de cargas, es correcto afirmar que:

a) La manipulación de una carga vigilando el centro de gravedad disminuye el riesgo de lesión en la zona.
b) La postura correcta al manejar una carga es con el tronco inclinado.
c) La postura correcta al manejar una carga es con la espalda derecha.
d) La técnica de levantamiento de la carga no afecta para una correcta manipulación.

21. Unas condiciones ideales de manipulación manual de cargas incluyen:

a) Levantamientos rápidos y continuados.
b) Espalda inclinada hacia delante.
c) Manejo de la carga sin giros ni inclinaciones.
d) Sujeción del objeto con una posición de la muñeca en ángulo de 90°.

22. El riesgo de lesión será menor:

a) Cuanto más alejada esté la carga del cuerpo.
b) Cuanto más se gire el tronco.
c) Cuanto menor sea la frecuencia de la manipulación.
d) Cuanto menor sea el tiempo de descanso entre manipulaciones.

23. Se recomienda que, en locales interiores, el rango de temperaturas para trabajos ligeros se encuentre entre:

a) 10º y 30º.
b) 14º y 25º.
c) 5º y 35º.
d) 20º y 24º.

24. ¿Cuál de las siguientes acciones en la manipulación manual de cargas es correcta?

a) Doblar las piernas manteniendo en todo momento la espalda derecha, y mantener el mentón metido. No flexionar demasiado las rodillas.
b) Juntar los pies para proporcionar una postura estable y equilibrada para el levantamiento.
c) Girar el tronco antes de cambiar de dirección.
d) Sujetar firmemente la carga empleando ambas manos y separarla del cuerpo.

25. Cuando se maneja una carga entre dos personas, la capacidad de levantamiento es:

a) La suma de sus capacidades individuales.
b) Dos tercios de la mayor de las capacidades de los dos trabajadores.
c) Dos tercios de la suma de sus capacidades individuales.
d) La mitad de la suma de sus capacidades individuales.

26. La Guía Técnica recomienda que no se deberían manipular cargas en postura sentada (siempre que sea en una zona próxima al tronco, evitando manipular cargas a nivel del suelo o por encima del nivel de los hombros y giros e inclinaciones del tronco) de más de:

a) 3 kilos.
b) 5 kilos.
c) 10 kilos.
d) 15 kilos.

27. El color de seguridad para las señales de advertencia es:

a) El rojo.
b) El azul.

c) El verde.
d) El amarillo o amarillo anaranjado.

28. Las señales de prohibición tendrán forma:

a) Rectangular.
b) De rombo.
c) Redonda.
d) Cuadrada.

29. Se utilizan pictogramas blancos sobre fondo verde para:

a) Señales relativas a los equipos de lucha contra incendios.
b) Señales de salvamento o socorro.
c) Señales de advertencia.
d) Señales de obligación.

30. En relación con el uso de señales acústicas de seguridad, es correcto que:

a) El uso simultáneo de dos señales acústicas.
b) El uso de una señal acústica cuando el ruido ambiental ya es demasiado intenso.
c) El sonido de una señal de evacuación deberá ser continuo.
d) Si un dispositivo puede emitir señales acústicas con un tono o intensidad variables o intermitentes, o con un tono o intensidad continuos, se utilizarán las segundas para indicar, por contraste con las primeras, un mayor grado de peligro o una mayor urgencia de la acción requerida.

31. En los locales de trabajo, la altura mínima de las barandillas es de:

a) 50 cm.
b) 60 cm.
c) 90 cm.
d) 1 metro.

32. Las escaleras de mano simples se colocarán, en la medida de lo posible, formando un ángulo con la horizontal de aproximadamente:

a) 30º.
b) 45º.
c) 60º.
d) 75º.

33. En relación con las vías y salidas de evacuación es correcto que:

a) Las puertas de emergencia deberán abrirse hacia el interior.
b) Las puertas de emergencia más recomendables son las giratorias y las correderas.

c) Las puertas de emergencia deberán cerrarse con llave.

d) Las puertas situadas en los recorridos de las vías de evacuación se deberán poder abrir en cualquier momento desde el interior sin ayuda especial.

34. La temperatura de los locales, donde se realicen trabajos sedentarios propios de oficinas o similares, estará comprendida entre:

a) 20 y 24 ºC.
b) 17 y 27 ºC.
c) 14 y 25 ºC.
d) 18 y 20 ºC.

35. Cuando su longitud sea menor que 3 metros, las rampas de los locales de trabajo tendrán una pendiente máxima del:

a) 12 por 100.
b) 10 por 100.
c) 8 por 100.
d) 5 por 100.

36. Qué se entiende por "riesgo laboral":

a) La posibilidad de que un trabajador sufra un determinado daño derivado del trabajo.
b) La posibilidad de que un trabajador sufra una enfermedad en el trabajo.
c) La posibilidad de que un trabajador sufra acoso.
d) El riesgo que supone el ir a trabajar.

37. El derecho básico reconocido a los trabajadores por la Ley 31/1995, de 8 de noviembre, es:

a) La vigilancia de su estado de salud.
b) Una protección eficaz en materia de seguridad y salud en el trabajo.
c) La formación en materia preventiva.
d) La información, consulta y participación.

38. Indica cuál es la definición de prevención:

a) La probabilidad racional de que un riesgo se materialice de forma inminente.
b) El estudio de los procesos potencialmente peligrosos para el trabajo.
c) Conjunto de actividades o medidas adoptadas o previstas en todas las fases de actividad de la empresa con el fin de evitar o disminuir los riesgos derivados del trabajo.
d) Posibilidad de que un trabajador sufra un determinado daño derivado del trabajo.

39. Entre los principios de la acción preventiva recogidos por el artículo 15 de la Ley de Prevención de Riesgos Laborales, no figura:

a) Evitar los riesgos.
b) Evaluar los riesgos que se puedan evitar.

c) Tener en cuenta la evolución de la técnica.
d) Dar las debidas instrucciones a los trabajadores.

40. La prevención de riesgos laborales deberá integrarse en el sistema general de gestión de la empresa a través de:

a) La política preventiva.
b) El plan de prevención.
c) El consenso de las partes.
d) El poder de decisión del empresario.

41. Según la Ley de Prevención de Riesgos Laborales, es obligación de los trabajadores en materia de prevención de riesgos:

a) La protección eficaz en materia de seguridad y salud en el trabajo.
b) Utilizar correctamente los medios y equipos de protección facilitados por el empresario, de acuerdo con las instrucciones recibidas de éste.
c) Soportar el coste de las medidas relativas a la seguridad y la salud en el trabajo.
d) Desarrollar una acción permanente de seguimiento de la actividad preventiva.

42. ¿Quién debe proporcionar al trabajador los equipos individuales de protección adecuados para el desempeño de sus funciones?

a) La Comunidad Autónoma.
b) El empresario.
c) Los Ayuntamientos.
d) El Instituto Nacional de Seguridad y Salud.

43. En el marco de sus responsabilidades, el empresario realizará la prevención de los riesgos laborales mediante la integración en la empresa de:

a) Los equipos de protección individual.
b) Los Servicios de Prevención propios.
c) La actividad preventiva.
d) La normativa comunitaria.

44. Es un tipo de fuente de riesgo laboral:

a) Equipos y herramientas.
b) Caída de personas a distinto nivel.
c) Sobreesfuerzos.
d) Contactos térmicos.

45. De los siguientes, puede considerarse un equipo de protección individual:

a) Los cinturones de seguridad de automóviles.
b) Los equipos de socorro y salvamento.

c) La ropa de trabajo corriente.
d) Las cremas barrera.

46. Cuando existe un riesgo, la primera medida a adoptar sería:

a) Controlar el riesgo en origen.
b) Evitar el riesgo.
c) Proteger a la persona.
d) Proporcionar equipos de protección individual.

47. No es una justificación para el uso de EPIs:

a) Es imposible instalar una protección colectiva eficaz.
b) Existe un riesgo residual tras haber instalado la protección colectiva.
c) Es imposible eliminar el riesgo.
d) Son un elemento identificativo de la seguridad de la empresa.

48. Las barreras de protección acústicas son un ejemplo de:

a) Protección colectiva.
b) Equipo de trabajo.
c) Equipo de protección individual.
d) Condición de trabajo.

49. Se considera trabajo en altura todo aquel trabajo que se realiza a más de (a partir de):

a) 1 metro del suelo.
b) 2 metros del suelo.
c) 4 metros del suelo.
d) 5 metros del suelo.

50. Cómo se llama el elemento de material duro y de terminación lisa que constituye la forma externa general del casco:

a) Arnés.
b) Visera.
c) Casquete.
d) Mole.

51. El "barboquejo" es:

a) Un tipo de guante de seguridad para soportar altas temperaturas.
b) Un protector para los ojos con montura integral.
c) La suela aislante de la electricidad que lleva el calzado de seguridad.
d) Una banda que se acopla bajo la barbilla para ayudar a sujetar el casco sobre la cabeza.

52. El marcado LD en los cascos de seguridad indica:

a) Resistencia a las salpicaduras de metal fundido.
b) Resistencia a la deformación lateral.
c) Aislamiento eléctrico.
d) Resistencia a muy baja temperatura.

53. Una medida preventiva correcta en la utilización de máquinas y herramientas es:

a) Transportar las herramientas a utilizar en los bolsillos.
b) Utilizar cinceles o punzones cuando se necesite hacer palanca.
c) Para golpear clavos, sujetar estos por el extremo.
d) En ambientes explosivos o inflamables, utilizar martillos cuya cabeza sea de bronce, madera o poliéster.

54. Cuando la longitud de una rampa sea menor de 3 metros, su pendiente máxima será de:

a) 8 %.
b) 10 %.
c) 12 %.
d) 16 %.

55. Por regla general, el peso máximo que se recomienda no sobrepasar (en condiciones ideales de manipulación) es de:

a) 10 kg.
b) 15 kg.
c) 25 kg.
d) 45 kg.

56. El límite máximo de carga acumulada diariamente en un turno de 8 horas en distancias de más de 10 metros, es de:

a) 400 kg.
b) 1.000 kg.
c) 6.000 kg.
d) 10.000 kg.

57. Cuál de las siguientes señales será de color verde:

a) Señal de prohibición.
b) Señal de salvamento o de auxilio.
c) Señal de obligación.
d) Señal de advertencia.

58. De las siguientes señales, tienen forma rectangular o cuadrada:

a) Señales de obligación.
b) Señales de prohibición.
c) Señales relativas a los equipos de lucha contra incendios.
d) Señales de advertencia.

59. Las dos manos juntas a la altura del pecho, es gesto codificado para comunicar:

a) Toma de mando.
b) Fin de movimiento.
c) Avanzar.
d) Fin de las operaciones.

60. Cuando sea necesario para la protección de los trabajadores, las vías de circulación de vehículos deberán estar delimitadas con claridad mediante franjas continuas de un color bien visible, preferentemente:

a) Blanco o amarillo.
b) Negro.
c) Naranja o rojo.
d) Verde o azul.

61. ¿Qué disciplina en riesgos laborales es aquella que reúne un conjunto de técnicas y procedimientos que tienen por objeto evitar y, en su caso, eliminar o minimizar los riesgos que pueden conducir a la materialización de accidentes con ocasión del trabajo?

a) Seguridad en el trabajo.
b) Higiene industrial.
c) Ergonomía y psicosociología aplicada.
d) Medicina del trabajo.

62. ¿Qué normativa regula y trata la prevención de riesgos laborales en general?

a) Ley 48/1996.
b) Ley 31/1995.
c) Real Decreto 773/1997.
d) Real Decreto 159/1995.

63. ¿Qué atributos poseerá un riesgo laboral cuando resulte probable racionalmente que se materialice en un futuro inmediato y pueda suponer un daño grave para la salud de los trabajadores?

a) Riesgo laboral probable y grave.
b) Riesgo laboral improbable y grave.

c) Riesgo laboral probable e inminente.
d) Riesgo laboral grave e inminente.

64. ¿A quién tendrán que comunicar los representantes legales de los trabajadores, por acuerdo por mayoría de sus miembros, de la existencia de un riesgo laboral grave e inminente, y de la paralización de la actividad de los trabajadores afectados por dicho riesgo?

a) Deberán comunicar a la autoridad laboral.
b) Deberán comunicar a la familia de los trabajadores.
c) Deberán comunicar a la empresa.
d) Deberán comunicar a la empresa y a la autoridad laboral.

65. ¿En qué plazos la autoridad laboral anulará o ratificará la paralización de la actividad acordada por los representantes legales de los trabajadores, una vez informada esta, de la existencia de riesgo laboral grave e inminente?

a) 24 horas.
b) 48 horas.
c) 72 horas.
d) Una semana.

66. ¿Cuál es la herramienta a través de la cual se integra la actividad preventiva de la empresa en su sistema general de gestión y se establece su política de prevención de riesgos laborales?

a) Plan de emergencias de la empresa.
b) Plan de prevención de enfermedades profesionales.
c) Plan de prevención de riesgos laborales.
d) Ninguno de los anteriores.

67. ¿Cómo se denomina a los factores o circunstancias del trabajo que pueden generar uno o varios riesgos aisladamente o por su combinación?

a) Factores de riesgos.
b) Riesgos atribuibles.
c) Fuentes de riesgos.
d) Factores de riesgos precipitantes.

68. ¿Qué código poseen las escaleras en el trabajo como fuente de riesgos?

a) Poseen el código 3.
b) Poseen el código 5.
c) Poseen el código 7.
d) Poseen el código 9.

69. ¿Qué riesgo es el identificado por el código 13 por el Instituto Nacional de Seguridad e Higiene en el Trabajo?

a) Caída de personas a distinto nivel.
b) Caída de personas al mismo nivel
c) Golpes/cortes por objetos o herramientas.
d) Sobreesfuerzos.

70. ¿Cuál de estos elementos o útiles que tienen la función de proteger al operario contra riesgos específicos del trabajo es un EPI?

a) Calzado de seguridad y guantes o ropa de protección.
b) Gafas (o pantallas faciales) y mascarillas respiratorias.
c) Cascos y tapones para los oídos.
d) Son EPI todos los anteriores.

71. Ante un riesgo laboral, ¿qué es lo primero que se debe hacer?

a) Controlar el riesgo en origen.
b) Proteger a la persona, para que emplee EPI.
c) Evitar el riesgo.
d) Tratar la lesión precozmente derivada de un riesgo laboral.

72. ¿Cuál de estos es un elemento de protección colectiva frente a riesgo laboral?

a) Cinturón de seguridad de automóvil.
b) Equipos anticaídas.
c) Extintores de incendios.
d) Calzado de seguridad.

73. ¿Cómo se denomina el riesgo laboral específico que puede sufrir un operario/a ante la posibilidad de golpe contra un objeto que no está en movimiento?

a) Caídas de objetos desprendidos.
b) Choques contra objetos móviles.
c) Caídas de objetos por manipulación.
d) Choques contra objetos inmóviles.

74. ¿Qué norma general de las que debe realizar todo operario/a como medio de prevención de riesgos no es correcta?

a) Pensar el método de trabajo a seguir antes del inicio de las operaciones.
b) Utilice las herramientas y los equipos de trabajo únicamente para el uso al que estén destinados.

c) No utilice los elementos portaherramientas suministrados (cajas, fundas, cinturones, etc.).

d) Conozca quién es su encargado/a o jefe/a inmediato.

75. ¿Qué EPI de estos no es considerado básico?

a) Gafas de montura "universal" para prevenir la proyección de fragmentos o partículas.

b) Guantes contra las agresiones mecánicas y chaleco reflectante.

c) Casco y calzado de seguridad.

d) Son todos considerados EPI básicos.

76. ¿Qué elemento opcional del casco de seguridad es aquella banda que se acopla bajo la barbilla para ayudar a sujetar el casco sobre la cabeza?

a) Banda de cabeza.

b) Banda de nuca.

c) Barboquejo.

d) Arnés.

77. ¿A qué categoría pertenecerán los guantes de protección que protegen de riesgos intermedios, es decir, que no puedan causar lesiones graves o la muerte?

a) A la categoría I.

b) A la categoría II.

c) A la categoría III.

d) A la categoría IV.

78. ¿Cómo se denominan los medios de protección que además de proteger a los ojos, el protector protege parte o la totalidad de la cara u otras zonas de la cabeza?

a) Lentes de protección.

b) Gafas de protección.

c) Pantallas de protección.

d) Cascos cerrados de protección.

79. ¿Para qué riesgo esencialmente protege el calzado aislante de la electricidad?

a) Protege frente a riesgos mecánicos por caída por deslizamiento.

b) Protege frente a riesgos mecánicos por caída e impacto sobre el talón.

c) Protege frente a riesgos eléctricos.

d) Protege frente a riesgos térmicos.

80. ¿Qué medida es incorrecta respecto a las medidas que hay que tener en cuenta en la utilización de máquinas y herramientas?

a) Comunicar las averías al responsable máximo de la empresa, nunca al director del trabajador.
b) En el ascenso o descenso por escaleras, utilizar cinturón portaherramientas, de manera que las manos queden libres.
c) Las herramientas de corte deben llevar siempre fundas.
d) Utilizar siempre los Equipos de Protección Individual recomendados por el fabricante (guantes, gafas, mascarilla…).

81. ¿Qué se denomina por la Guía Técnica del Instituto Nacional de Seguridad e Higiene en el Trabajo (INSHT): *cualquier objeto susceptible de ser movido* **?**

a) Peso.
b) Sobrecarga.
c) Sobreesfuerzo.
d) Carga.

82. ¿Qué riesgos corporales sobre los trabajadores son los que hay que tener más en cuenta a nivel particular por la manipulación de cargas?

a) Psiquiátricos.
b) Dorsolumbares.
c) Vertiginosos.
d) Cognitivos.

83. Cargas (Guía Técnica) son los objetos que pesen más de:

a) 5 kg.
b) 10 kg.
c) 15 kg.
d) 25 kg.

84. ¿Cuál es el peso máximo que se toma por regla general, como el peso máximo que se recomienda no sobrepasar (en condiciones ideales de manipulación)?

a) No se debe sobrepasar los 10 kg.
b) No se debe sobrepasar los 15 kg.
c) No se debe sobrepasar los 25 kg.
d) No se debe sobrepasar los 35 kg.

Solución al test n.º 12

1. b) Un proceso dirigido a estimar la magnitud de los riesgos que no hayan podido evitarse.

2. c) Informar de inmediato a su superior jerárquico directo, y a los trabajadores designados para realizar las actualizaciones que consideren oportunas en el equipo de protección individual.

3. c) Cuando los riesgos no se puedan evitar o no puedan limitarse.

4. b) El empresario.

5. a) Arnés.

6. c) Barboquejo.

7. b) Butilo.

8. c) Pantallas de protección.

9. d) 1.

10. a) Calzado de seguridad.

11. d) Calzado de cuero.

12. a) Red de seguridad.

13. b) Red con horca.

14. d) Los equipos anticaídas.

15. c) Los equipos de socorro y salvamento.

16. c) Pretenden minimizar las consecuencias del riesgo.

17. b) Evitar el riesgo.

18. c) Se ha eliminado el riesgo.

19. b) Revisar periódicamente el correcto estado de las escaleras.

20. c) La postura correcta al manejar una carga es con la espalda derecha.

21. c) Manejo de la carga sin giros ni inclinaciones.

22. c) Cuanto menor sea la frecuencia de la manipulación.

23. b) 14º y 25º.

24. a) Doblar las piernas manteniendo en todo momento la espalda derecha, y mantener el mentón metido. No flexionar demasiado las rodillas.

25. c) Dos tercios de la suma de sus capacidades individuales.

26. b) 5 kilos.

27. d) El amarillo o amarillo anaranjado.

28. c) Redonda.

29. b) Señales de salvamento o socorro.

30. c) El sonido de una señal de evacuación deberá ser continuo.

31. c) 90 cm.

32. d) 75º.

33. d) Las puertas situadas en los recorridos de las vías de evacuación se deberán poder abrir en cualquier momento desde el interior sin ayuda especial.

34. b) 17 y 27 ºC.

35. a) 12 por 100.

36. a) La posibilidad de que un trabajador sufra un determinado daño derivado del trabajo.

37. b) Una protección eficaz en materia de seguridad y salud en el trabajo.

38. c) Conjunto de actividades o medidas adoptadas o previstas en todas las fases de actividad de la empresa con el fin de evitar o disminuir los riesgos derivados del trabajo.

39. b) Evaluar los riesgos que se puedan evitar.

40. b) El plan de prevención.

41. b) Utilizar correctamente los medios y equipos de protección facilitados por el empresario, de acuerdo con las instrucciones recibidas de éste.

42. b) El empresario.

43. c) La actividad preventiva.

44. a) Equipos y herramientas.

45. d) Las cremas barrera.

46. b) Evitar el riesgo.

47. d) Son un elemento identificativo de la seguridad de la empresa.

48. a) Protección colectiva.

49. b) 2 metros del suelo.

50. c) Casquete.

51. d) Una banda que se acopla bajo la barbilla para ayudar a sujetar el casco sobre la cabeza.

52. b) Resistencia a la deformación lateral.

53. d) En ambientes explosivos o inflamables, utilizar martillos cuya cabeza sea de bronce, madera o poliéster.

54. c) 12 %.

55. c) 25 kg.

56. c) 6.000 kg.

57. b) Señal de salvamento o de auxilio.

58. c) Señales relativas a los equipos de lucha contra incendios.

59 d) Fin de las operaciones.

60. a) Blanco o amarillo.

61. a) Seguridad en el trabajo.

62. b) Ley 31/1995.

63. d) Riesgo laboral grave e inminente.

64. d) Deberán comunicar a la empresa y a la autoridad laboral.

65. a) 24 horas.

66. c) Plan de prevención de riesgos laborales.

67. c) Fuentes de riesgos.

68. a) Poseen el código 3.

69. d) Sobreesfuerzos.

70. d) Son EPI todos los anteriores.

71. c) Evitar el riesgo.

72. c) Extintores de incendios.

73. d) Choques contra objetos inmóviles.

74. c) No utilice los elementos portaherramientas suministrados (cajas, fundas, cinturones, etc.).

75. a) Gafas de montura "universal" para prevenir la proyección de fragmentos o partículas.

76. c) Barboquejo.

77. b) A la categoría II.

78. c) Pantallas de protección.

79. c) Protege frente a riesgos eléctricos.

80. a) Comunicar las averías al responsable máximo de la empresa, nunca al director del trabajador.

81. d) Carga.

82. b) Dorsolumbares.

83. a) 5 kg.

84. c) No se debe sobrepasar los 25 kg.

Cómo acceder al Curso

Operario/a de Servicios Municipales
Test del Temario

El uso de los códigos **es exclusivo de los compradores de los productos de Editorial MAD**. Cada producto posee un código único y de un solo uso. Es personal e intransferible y da acceso a servicios y contenidos adicionales. Editorial MAD se reserva el derecho de hacer cuantas comprobaciones sean necesarias para identificar al legítimo poseedor del código y dejar de dar servicio a quien haga uso fraudulento del mismo, además de emprender cuantas acciones legales estime oportunas según la legislación vigente.

Deberás acceder a:

mad.es/registro-campus

Si una vez aceptadas las condiciones de uso del Campus decides hacer uso del mismo, necesitarás del siguiente código de acceso junto con los códigos del resto de títulos que se exigen (si fuera el caso):

U2APD1KF8B